CHASSEURS
DE FANTÔMES

QUÉBEC INSÔLITE

DANIELLE GOYETTE

CHASSEURS DE FANTÔMES

ÉDITIONS
MICHEL
QUINTIN

Catalogage avant publication de Bibliothèque et Archives
nationales du Québec et Bibliothèque et Archives Canada

Goyette, Danielle, 1957-

    Chasseurs de fantômes

    (Québec insolite)
    Comprend des réf. bibliogr.

    ISBN 978-2-89435-621-0

    1. Fantômes - Recherche. 2. Parapsychologie. 3. Fantômes -
Québec (Province). I. Titre. II. Collection: Goyette, Danielle, 1957- .
Québec insolite.

BF1471.G69 2012   133.1   C2012-941287-2

Édition: Johanne Ménard
Révision linguistique: Paul Lafrance
Conception graphique: Céline Forget et Sandy Lampron
Mise en page: Sandy Lampron

SODEC
Québec

Patrimoine   Canadian
canadien   Heritage

Gouvernement du Québec – Programme de crédit
d'impôt pour l'édition de livres – Gestion SODEC

La publication de cet ouvrage a été réalisée grâce au soutien financier du
Conseil des Arts du Canada et de la SODEC. De plus, les Éditions Michel
Quintin reconnaissent l'aide financière du gouvernement du Canada par
l'entremise du Fonds du livre du Canada pour leurs activités d'édition.

ISBN 978-2-89435-621-0

Dépôt légal – Bibliothèque nationale du Québec, 2012
             Bibliothèque nationale du Canada, 2012

© Copyright 2012
Éditions Michel Quintin

4770, rue Foster
Waterloo (Québec)
Canada J0E 2N0
Tél.: 450 539-3774
Téléc.: 450 539-4905
editionsmichelquintin.ca

12-GA-1

Imprimé au Canada

*À tous ceux pour qui
la vie est une fascinante quête sans fin.*

« *Qui serait assez téméraire pour affirmer
que nous connaissons et percevons toutes les forces,
toutes les ondes et tous les moyens de communications ?* »
Hubert Reeves

« *La mort d'un être vivant
n'est que de l'énergie qui se transforme.* »
Bernard Werber

« *Les vivants ferment les yeux des morts ;
les morts ouvrent les yeux des vivants.* »
Proverbe bulgare

Avertissement

Ce livre ne constitue en aucun cas un recueil de conseils pour quiconque déciderait de devenir chasseur de fantômes. Le discernement demeure toujours nécessaire.

Les faits et opinions publiés ici n'engagent en rien l'éditeur ni l'auteure et ne concernent que les témoins cités.

Certains noms et lieux ont été changés ou présentés de façon évasive dans le but de préserver l'anonymat de certains témoins.

Nous tenons également à souligner que les propos tenus dans les rubriques Le coin du sceptique ou Le coin du spécialiste ne livrent pas des « diagnostics » liés directement aux témoignages cités dans cet ouvrage, mais tentent plutôt d'apporter une interprétation scientifique liée au thème du livre. Il va sans dire que certains passages de ces rubriques peuvent être liés à plus d'un cas relaté.

TABLE DES MATIÈRES

Introduction – 8

Montreal Paranormal Investigations,
percevoir l'au-delà avec son âme – 14

Paracontacts, privilégier le contact
avec l'inconnu – 40

La Société de recherches paranormales de Québec
(SRPQ), des filles à la chasse aux fantômes – 88

Le Bureau d'enquêtes en phénomènes paranormaux
(BEPP), à l'écoute de l'au-delà – 114

Fantôme Montréal, frère et sœur en quête
du paranormal – 154

Valérie Lacroix, une guide chez les fantômes – 200

Conclusion – 210

Remerciements – 216

Crédits photo – 217

Bibliographie – 219

Notes – 220

INTRODUCTION

Cet été-là, Micheline et Bertrand ont un coup de cœur pour
cette coquette maison de campagne au cœur d'un petit village.
Ils y emménagent au début de l'automne.
Chaque soir, Micheline se love sur son gros fauteuil devant
la vaste baie vitrée du salon et se plonge dans un bon livre.
Pourtant, même en l'absence de Bertrand,
elle ne se sent pas seule.
Et de soir en soir, cette sensation devient
de plus en plus désagréable.
Parfois, elle lève brusquement les yeux.
Dans la fenêtre se reflète une ombre furtive et lugubre
qui s'éloigne prestement dans son dos.
Tel un effrayant animal courant debout sur ses pattes arrière.
Elle regarde vite derrière elle. Rien.
Sauf cette inlassable peur désagréable d'être toujours observée.
Elle en tremble.
Puis, un soir, une main semble se poser sur son épaule.
Elle se retourne. Il n'y a personne.
Seul le sentiment effroyable que des griffes lui transpercent
soudain la chair de l'épaule. Elle crie. Tout s'arrête aussitôt.
Au grand désespoir de Micheline, Bertrand n'est jamais
présent quand l'affolante créature se manifeste.
Un autre soir, alors que la jeune femme s'apprête à se glisser
dans son lit, deux longues mains griffées lui empoignent
les chevilles et la font aussitôt basculer par terre.
Pire encore, elle a l'impression qu'on veut l'attirer sous le lit.
Mais Bertrand entre au même moment à la maison et la
bête disparaît tout aussi vite.

Bertrand s'inquiète pour sa femme qui ne veut plus rester seule.
Micheline est de plus en plus terrorisée.
Une amie leur parle d'un groupe d'enquêteurs paranormaux
que le couple décide de contacter.
Les enquêteurs se rendent rapidement chez
Micheline et Bertrand.
Ils tentent aussitôt le contact avec l'entité malsaine.
Sa présence irradiante et maléfique fait vite réagir le
détecteur de champs électromagnétiques.
« Je suis l'âme de cette maison. Elle m'appartient.
Je l'ai construite en 1910. Je ne veux aucun locataire.
Sortez d'ici ! »
Après avoir pressenti l'emprise solide de cette entité sur la
maison, un des enquêteurs réussit quand même à lui faire
comprendre qu'elle n'appartient plus à ce monde et qu'elle fait
peur à ses nouveaux occupants, qui aiment les lieux et veulent
en prendre soin. Il lui explique qu'elle se doit de rejoindre la
grande lumière et de laisser exister les vivants en paix.
Le spectre s'accroche encore, propulse une lampe sur le mur,
égratigne le bras de l'un des enquêteurs, mais il finit quand
même par s'incliner devant leur insistance et leur esprit de
persuasion. Un peu malgré elle, la bête fantôme quitte alors la
maison, emportée soudain dans un voile de fumée de sauge.
Le soir suivant, Micheline, encore ébranlée par cette
aventure, s'assoit dans son fauteuil devant sa baie vitrée
préférée. Est-ce que le calme sera enfin revenu ?
Elle s'inquiète encore. Mais elle se sent déjà mieux.
Les minutes passent. La soirée aussi. En toute quiétude.
Enfin.
Elle sourit. Oui, elle se sent vraiment bien.
À la fenêtre, elle contemple la première neige
qui virevolte à gros flocons dehors.
Sa demeure baigne enfin dans la paix.
L'hiver sera calme, elle le sait, elle le sent.
Elle en est soulagée.

Nous connaissons tous la célèbre émission télévisée améri-
caine *Chasseurs de fantômes* (*Ghost Hunters*) qui fait fureur

Philosophe et parapsychologue britannique, Henry Myers a fondé la Society for Psychic Research dont il fut le président en 1900. Myers est considéré comme l'un des fondateurs de la psychologie analytique ou psychologie des profondeurs, basée sur l'investigation de l'inconscient et de «l'âme». Il a influencé certaines des théories élaborées sur ce sujet par Carl Gustav Jung.

un peu partout, le Québec n'étant pas en reste. L'intérêt pour la recherche en paranormal ne date pas d'hier, puisque la chasse aux fantômes a ses adeptes depuis fort longtemps.

En 1882, cinq chercheurs, William Fletcher Barrett, Edmund Gurney, Edmund Rogers, Henry Sidgwick et l'érudit philosophe Frederic William Henry Myers[1], fondent la Society for Psychic Research (Société pour la recherche psychique). Ils se donnent comme mission de répertorier des cas de télépathie, mesmérisme, clairvoyance, apparitions de fantômes et poltergeists et de les analyser à la lumière des connaissances scientifiques de l'époque. Vont contribuer à ces recherches de grands spécialistes tels que le médecin psychiatre et père de la psychologie analytique Carl Jung (1875-1961), le chimiste et physicien John William Strutt, prix Nobel de physique (1842-1919), le physiologiste Charles Richet, prix Nobel de médecine (1850-1935), le médecin, écrivain, créateur de Sherlock Holmes et de l'investigation littéraire Arthur Conan Doyle (1859-1930), ainsi que le professeur, psychiatre, biochimiste et fondateur de la recherche scientifique sur la réincarnation, le Québécois Ian Stevenson (1918-2007). À la lumière de leurs recherches, ces spécialistes finissent tous par en venir à la même conclusion : la vie après la mort existe !

Les premiers grands chasseurs de fantômes

En ce qui a trait aux enquêtes paranormales comme telles, les premières mentions se situent à la fin du XIXe siècle. En

1896, un jeune homme de 15 ans, accompagné de son co-pain, séjourne toute une nuit dans un vieux manoir hanté de Shrewsbury, en Angleterre. Vers 23 h 30, tous les deux sont témoins de leur première apparition spectrale. Par leur façon d'aborder la situation comme une enquête, ils sont souvent considérés comme les premiers chasseurs de fantômes de l'Histoire[2]. Le jeune homme est Harry Price et il deviendra l'un des plus importants maîtres en recherche psychique du monde.

Harry Price étudie d'abord la magie pour mieux déjouer les illusionnistes frauduleux et les faux médiums. En 1927, il rejoint le Ghost Club, organisation anglaise fondée en 1862 et encore active aujourd'hui. En 1934, il participe à la création de la University of London Council for Psychical Investigation, considérée comme le plus ancien laboratoire de recherche en paranormal au monde. Vers 1930, cette branche d'investigation se répand également aux États-Unis. Un certain J. B. Rhine commence à étudier la perception extrasensorielle en laboratoire mais sous un contrôle très strict. S'ensuit la création de la Parapsychological Association en 1957 et son affiliation à l'American Association for the Advancement of Science en 1969. Puis les années 1970 voient naître une foule de groupuscules en recherches paranormales dont le nombre ne cesse de croître depuis, partout dans le monde, le Québec ne faisant pas exception.

Journaliste, magicien et premier chasseur de fantômes officiel, Harry Price est l'une des figures marquantes des recherches en paranormal.

On chasse aussi chez nous

Seriez-vous prêt à passer une nuit noire au sous-sol d'une maison ancestrale abritant une horde de fantômes parfois coquins, parfois sournois ou lugubres, dans le seul but d'entrer en contact avec eux ?

Si autrefois on privilégiait la table de Ouija pour communiquer avec ces êtres de l'au-delà, aujourd'hui, comme vous allez le découvrir, les enquêteurs paranormaux sont équipés de technologies plus avancées comme la caméra infrarouge, le magnétophone numérique et le détecteur de champs électromagnétiques. Au Québec comme ailleurs, les chasseurs de fantômes recherchent toujours l'ultime contact, l'échange tangible démontré devant tous, qui prouverait hors de tout doute l'existence de ces spectres dans notre monde réel. Quelques groupes de chasseurs de fantômes québécois ont accepté de nous faire part de leurs enquêtes les plus fascinantes[3]. Accompagnons-les donc au cœur d'un monde des plus insolites.

Montreal Paranormal Investigations
PERCEVOIR L'AU-DELÀ
AVEC SON ÂME

———◦✦◦———

Lieu : Montréal
Phénomènes : perception sensitive d'entités, voiles,
silhouettes, sensation de présences, etc.
Témoin et enquêteur : Patrick Zakhm, fondateur

———◦✦◦———

*« À la place du visage, ce que je voyais,
ce n'était que de la fumée noire. »*
Patrick Zakhm

Petit garçon né au cœur de la nuit au Liban, Patrick a toujours été très sensible à son environnement. Dès son tout jeune âge, il est bien curieux et très ingénieux, fabriquant des objets complexes à partir d'appareils mis au rancart. Il perçoit aussi des phénomènes dont les gens de son entourage ne semblent pas conscients. Au début de la vingtaine, ses facultés s'affinent plus encore. Il constate qu'il peut même capter les pensées d'un individu avec qui il discute, comme si celles-ci se reflétaient en lui bien avant qu'elles ne se traduisent en mots chez son interlocuteur. Mais il ne voit pas l'utilité que peut avoir ce don singulier. Alors qu'il est bien malade et alité, il lui arrive un jour un phénomène étrange. Il réussit à voir derrière ses propres yeux, comme s'il se trouvait dans sa tête. Il observe même bien clairement les vaisseaux sanguins de ses yeux. Bizarre! À l'âge de 28 ans, il apprend d'une médium qu'un guide qui le protège et demeure en permanence auprès de lui, l'aidera dans ses démarches futures. Patrick découvre un jour que ce guide qui l'a pris sous son aile n'est autre que son grand-père mort empoisonné en Afrique. D'abord sceptique sur tout ce qui lui arrive, Patrick finit par accepter sa différence. Le jeune homme s'ouvre positivement à ces forces psychiques qu'il considère comme un cadeau de la nature et il apprend à les utiliser de manière constructive.

Patrick a la nationalité française, mais il vient souvent à Montréal au début des années 2000. Il y reste un bout de temps, repart et revient. Il y réside maintenant depuis 2006. Entre-temps, en 2002, il fonde Montreal Paranormal Investigations[4], puis le Ghost Tracking Meetup Group en 2007, après l'affluence de courriels de passionnés désireux d'échanger sur le sujet et de se rencontrer. À ce jour, ce dernier groupe réunit quelque 315 membres, nombre qui ne cesse de croître.

Un travail de détective

 « Elle voit des entités depuis qu'elle est toute petite. »

Patrick enquête sur le terrain depuis plusieurs années. Des gens contactent son agence d'investigation et l'enquêteur se déplace pour analyser les lieux. L'homme travaille habituellement avec une équipe de trois ou quatre passionnés comme lui en qui il a totale confiance. Parfois, chacun capte quelque chose de différent des autres. Comme des détectives, en fin de compte. Percevoir des phénomènes est une chose, mais savoir les répertorier, les analyser, les comprendre, les expliquer est tout aussi important.

Une médium se joint à eux, autant que faire se peut. « C'est une formidable médium, nous dit Patrick à son sujet. Elle

voit des entités depuis qu'elle est toute petite et ses facultés de perception sont toujours aussi excellentes même si elle a aujourd'hui 70 ans. Pour se déplacer sur un lieu d'enquête, elle demande toutefois d'être rémunérée. Mais les clients sont souvent prêts à débourser un montant en échange de sa présence, car ses constats contribuent largement à l'enquête. »

Tous ensemble, les collaborateurs visitent donc les lieux, l'étudient, le « ressentent » et y captent tout ce qui se passe, peut être perçu ou enregistré. Cependant Patrick aime bien aussi travailler seul à l'occasion, dans le silence paisible d'un lieu. Il lui arrive d'être alors encore plus sensible.

Des vibrations singulières

 « Les maisons hantées dégagent toujours une signature particulière. »

Patrick n'a pas nécessairement besoin d'une médium pour savoir si une maison est hantée ou pas. Ses facultés et sa grande sensibilité lui permettent de le sentir aisément. « Les maisons hantées dégagent toujours une signature particulière. Je peux presque toujours percevoir les esprits qui y habitent. Je ne les vois pas nécessairement avec mes yeux,

mais avec mes sens ou avec l'organe spécial de mon âme, si je peux m'exprimer ainsi. » C'est ainsi que Patrick Zakhm parle des maisons hantées qu'il croise parfois à l'imprévu sur son chemin. En passant simplement devant une demeure ou un bâtiment hanté, il peut ressentir aussitôt quelque chose. «Ces maisons-là émettent des vibrations très singulières, de jour, de soir comme de nuit. Toujours! Il faut comprendre par contre qu'il y a différents degrés de hantise. Les maisons sont plus ou moins hantées, et ça, je le perçois aussi. Dans certaines pièces ou zones de la maison, cette signature peut également être plus intense, plus concentrée. C'est souvent là que le fantôme apparaîtra ou

> « Il m'est déjà arrivé de passer devant un domicile que je sentais hanté, d'aller frapper à la porte et de demander aux propriétaires la permission de visiter les lieux. »

du moins qu'il *vivra*, s'il ne se manifeste pas sous la forme d'une vision. Avant d'enquêter sur ces maisons, je demande toujours la permission aux occupants. Sans permission, je ne pénètre pas dans leur espace.

Il m'est déjà arrivé de passer devant un domicile que je sentais hanté, d'aller frapper à la porte et de demander aux propriétaires la permission de visiter les lieux en leur expliquant bien la raison de ma requête. Souvent, les gens sont d'abord surpris, puis certains vont me répondre "Oui, oui, on sent des choses spéciales dans notre maison", me confirmant ainsi ce que je viens de leur mentionner. S'ils acceptent, je visite la maison en conviant mes guides spirituels à m'accompagner s'ils le veulent bien – je leur demande toujours aussi leur accord – pour m'aider à mieux percevoir ce qui s'y passe. Mes guides peuvent aussi pressentir tout danger potentiel et me protéger en bloquant ma perception spirituelle. Par la suite, je fais un compte rendu de mes découvertes aux propriétaires. »

Le fantôme de la cathédrale

Patrick Zakhm a visité de nombreux lieux hantés au Québec et dans le monde. À Montréal notamment, dès qu'il est entré dans la cathédrale Marie-Reine-du-Monde, il a perçu des présences spectrales évidentes. «J'ai tout de suite su qu'il y avait là plusieurs fantômes. Je sentais beaucoup de vibrations au centre et au fond de la cathédrale. Je me suis donc approché de l'endroit où les vibrations étaient les plus denses pour entrer en communication avec la présence que je percevais. Je lui posais des questions en passant par mon cœur. (Parfois, l'entité répond, parfois non. Je dois être patient, ça prend du temps quelquefois.) Je me suis assis sur un banc de l'église et j'ai attendu environ une demi-heure. Tout à coup, j'ai senti qu'il se passait

 «Puis, là, l'instant d'après, je l'ai vu tout près de moi. C'était une ombre vague... »

quelque chose et je suis entré en transe, comme si je perdais conscience et sortais de mon corps pour pénétrer dans un plan vibratoire différent, où le monde physique n'était plus. Les chiffres 32-33 puis 1863... sont apparus devant moi. Et le nom de Lawrence Valdez aussi...

Puis, là, l'instant d'après, je l'ai vu tout près de moi. C'était une ombre vague, je pouvais à peine voir son apparence. Ce n'était pas de l'ordre des sens physiques, c'était plutôt une perception de l'âme, une vision qui me permettait de percevoir son existence. L'âme a des sens spirituels comme notre corps physique a des sens bien physiques. Ces sens spirituels sont appelés chakras. Ils demeurent inactifs si on ne les stimule pas. Toute personne a des sens spirituels. La méditation, une vie honnête, de la compassion envers autrui et envers tout ce qui est vivant peuvent contribuer à éveiller ces sens de l'âme. Et nos guides spirituels nous prodiguent aussi de l'aide dans cet éveil spirituel et psychique. Parfois cette vision de l'âme peut être claire comme de la haute définition, d'autres fois elle est plutôt floue. Ça dépend si le

 « Sa présence était belle, son cœur était bon, mais il ne m'a pas parlé plus que cela. »

fantôme accepte ou pas de se présenter. Si cela lui convient, on pourra bien le voir. S'il est craintif à cette idée, il sera très peu visible.

Ce spectre-là, j'avais du mal à le visualiser. Je ne pouvais pas voir son visage, mais je distinguais sa silhouette, à vrai dire la silhouette de sa tête, de son cou et d'une partie de son torse.

J'ai remarqué qu'il portait un chapeau triangulaire – vous savez, comme les tricornes d'autrefois. Je ressentais aussi qu'il avait une forte personnalité. Sa présence était belle, son cœur était bon, mais il ne m'a pas parlé plus que cela.

Puis, j'ai quitté ma transe. Ça m'a pris quelques instants pour prendre conscience de ce qui venait d'arriver. Ça avait été très instructif.»

Signe de croix obligatoire

Quelques mois plus tard, Patrick retourne à la cathédrale, avec une médium cette fois. Dès son entrée, celle-ci visualise un être qui tombe des hauteurs imposantes du toit. S'agit-il d'un ouvrier ayant jadis fait une chute fatale? La présence pressentie par Patrick à sa visite précédente était-elle cet homme mort tragiquement au temps de la construction ou d'une rénovation de la cathédrale?

Au cours de leur visite, un autre membre de l'équipe ressent quant à lui la présence d'une religieuse en train d'allumer une bougie.

La médium perçoit aussi de son côté une entité exprimant son mécontentement face au fait que le groupe a omis de faire son signe de croix à l'entrée de la cathédrale. «La médium nous a dit que l'être fantomatique voulait que l'on s'en aille et qu'il nous désignait le chemin de la sortie.

« S'ils sont morts en 1650, ils demeurent coincés en 1650. »

Il faut toujours se rappeler que la plupart des fantômes se croient encore vivants. Certains d'entre eux sont conscients de leur état, mais ils sont rares. La plupart se pensent aussi visibles que nous. Leur mort a tellement été abrupte qu'ils ne savent carrément pas qu'ils sont morts. Alors ils essaient d'entrer en relation avec les vivants, de communiquer avec nous. L'espace-temps n'existe plus pour eux, car le temps s'est arrêté le jour de leur mort. Ils se languissent dans leur propre temps et croient que nous y sommes aussi. S'ils sont morts en 1650, ils demeurent coincés en 1650. Ils vivent dans leurs souvenirs, en fin de compte. »

L'église unie Saint-James de Montréal

« Je le percevais comme une image, comme si je le voyais par une webcam sur un ordinateur. »

Notre chasseur de fantômes ressent aussi la présence de forces occultes devant d'autres lieux de culte. Seuls quelques passages devant l'église unie Saint-James lui ont permis de déduire que cet ancien bâtiment construit en 1887 en fait partie. Un jour que Patrick y fait des photos et discute avec un employé, il sent une présence *se projeter* en image vers lui. Le fantôme est assis à la gauche du jubé, au deuxième palier de l'église.

« Je le percevais comme une image, comme si je le voyais par une webcam sur un ordinateur. À vrai dire, je le voyais à partir de mon troisième œil, le chakra de la clairvoyance situé au milieu du front. La silhouette était mince, c'était un homme dans la quarantaine qui me regardait fixement. Peut-être n'appréciait-il pas que je prenne des photos ? Ou peut-être n'était-il qu'intrigué par le voyant lumineux de

mon appareil qui clignotait entre les prises? Il ne devait pas y avoir de caméra au temps où il vivait et il se demandait probablement ce que c'était. Puis il est disparu doucement comme il était apparu. J'ai tout de suite raconté à l'employé ce que je venais de ressentir et il n'a pas semblé surpris du tout. Mieux que cela, il a même ajouté qu'un couple lui avait déjà relaté avoir vu deux fantômes assis à gauche du jubé, beaucoup plus bas que l'homme que je venais de voir. Pour cet employé qui travaillait des heures dans cette église, cela ne semblait pas inquiétant outre mesure. Ces fantômes sans danger faisaient plutôt partie intégrante de l'histoire de ce lieu béni. »

Le fantôme de Saint-Léonard

Un jour, Patrick est invité à se rendre à un appartement de Saint-Léonard habité par une jeune femme et sa mère. La demoiselle lui raconte qu'une nuit, un être invisible est entré dans sa chambre et s'est assis sur le lit du côté opposé à celui où elle dort. Le renfoncement du matelas causé par le corps assis sur le lit était évident. Puis l'être s'est relevé et est reparti. Mais ce qui est intrigant surtout, c'est que cette manifestation récurrente se produit presque toutes les nuits. Vers les 2 h du matin, la demoiselle voit apparaître un fantôme dans le cadre de sa porte de chambre. C'est la silhouette d'un homme très grand, au corps transparent mais bien visible. Il reste là debout un certain temps, la regarde, puis s'en va. La jeune femme ne ressent pas de peur, mais aimerait bien comprendre la raison pour laquelle cette entité squatte son appartement la nuit.

En plus, elle a aperçu plusieurs fois une fillette qui vient frapper à sa porte de chambre. Juste des petits toc toc tout doux. L'enfant ne se montre que lorsque la jeune femme est triste, comme si elle venait la consoler. Elle ne s'avance jamais dans la chambre et disparaît après quelques secondes.

 « Ce que je voyais était très sombre, ce n'était que de la fumée noire en lent mouvement devant sa figure. »

À la première visite sur place, Patrick et son équipe ne voient rien, mais Patrick ressent très précisément où les apparitions se déroulent. À la deuxième visite, dès leur arrivée, Patrick aperçoit l'enfant. «Elle était vêtue d'une jupe blanche sale et en loques. C'était une petite fille pauvre. Elle était pieds nus. Je ne réussissais pas à voir son visage.

À la place, ce que je voyais était très sombre, ce n'était que de la fumée noire en lent mouvement devant sa figure. Toutefois, le reste de son image était très clair. Je l'ai vue un bout de temps, puis elle s'est évanouie dans l'air. Tout de suite

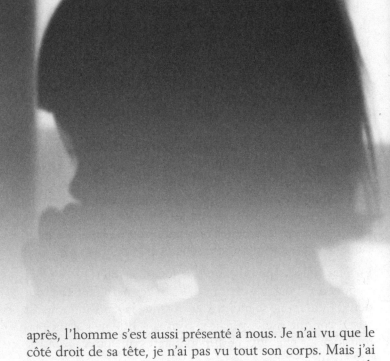

après, l'homme s'est aussi présenté à nous. Je n'ai vu que le côté droit de sa tête, je n'ai pas vu tout son corps. Mais j'ai assez bien aperçu son visage. Il était amaigri, un mince collier de barbe épousait la ligne de son menton comme chez les Amish. J'ai aussi senti l'étonnante dureté de cet homme juste par ce que son visage laissait transparaître.»

Gare aux rats!

L'équipe de Patrick espère mieux comprendre qui sont ces deux visiteurs de la nuit. Elle retourne donc encore une fois

 «L'homme fantôme craignait pour la santé de la petite...»

sur place pour investiguer plus avant. Les deux êtres hantent toujours les lieux. «Cette fois-là, un des sensitifs qui étaient avec nous est entré en contact avec l'homme qui lui a fait comprendre qu'il était là pour empêcher la petite fille d'entrer dans la chambre. C'était son oncle. Il faut savoir que la jeune femme de l'appartement était une gothique. Elle exposait toutes sortes de figurines diaboliques sur son mobilier et elle hébergeait dans cette pièce plusieurs animaux plus ou moins bizarres tels que des rats.

L'homme fantôme craignait pour la santé de la petite car eux, vivant au XVIIe ou au XVIIIe siècle, se sentaient menacés par les rats, porteurs de maladies infectieuses. L'homme ne comprenait tout simplement pas comment l'on pouvait ainsi dormir avec des rats tout près de son lit et il voulait absolument préserver cette enfant du danger!

La jeune femme de l'appartement était satisfaite des explications que nous lui avons apportées. Elle en savait maintenant un peu plus sur ses visiteurs et était à l'aise de continuer à cohabiter avec eux.» Va-t-elle retirer les rats de sa chambre? Patrick ne le lui demande pas. C'est à elle d'en décider. Il ne «nettoie» pas non plus l'appartement de ces présences. De toute façon, il ne fait pas ce genre de geste. Son rôle est de sentir les entités, de les identifier ou du moins d'expliquer qui elles sont dans la mesure du possible et les raisons pour lesquelles elles hantent les lieux. Il laisse toujours le travail de purification ou d'accompagnement vers la lumière aux spécialistes en la matière.

Les convives du Caveau

Patrick n'a pas fini de nous étonner avec ses histoires de hantise. Un soir qu'il passe devant le restaurant Le Caveau, à Montréal, il est stupéfait d'éprouver toutes les vibrations qui se dégagent des lieux. Pour mieux comprendre ce qui se passe dans cet endroit, il décide d'y entrer prendre un repas, sans poser de questions, en demeurant le plus réceptif possible. L'activité paranormale inonde les lieux.

«Après avoir observé attentivement les gens qui travaillaient là, j'ai choisi quelqu'un qui m'inspirait confiance. Je lui ai demandé s'il avait déjà entendu parler de fantômes sur place. Il ne semblait pas étonné du tout et il m'a aussitôt

 «Les employés disaient avoir vu assez souvent le spectre pour le surnommer "Table Boy". »

répondu : "Oui, comment savez-vous ça?" Je lui ai alors expliqué qui j'étais. Il m'a invité à monter au deuxième étage du restaurant, là où un petit garçon fantôme se manifestait régulièrement, toujours près de la même table. Fait étrange, au moment de ses apparitions, il semblait toujours y avoir une musique dans l'air, très basse, et personne ne savait d'où elle provenait... Les employés disaient avoir vu assez souvent le spectre pour le surnommer "Table Boy".

Une employée m'a raconté qu'un soir où elle travaillait seule à la cuisine, le ricanement d'un petit bambin s'était clairement fait entendre. Accourant dans la pièce d'où provenait le son, elle n'avait rien vu et les rires s'étaient arrêtés. Un autre employé avait une autre histoire pour moi. Un soir plutôt tranquille, un couple mangeait calmement à une table. Ils étaient les seuls clients dans le restaurant. Enfin... Seuls jusqu'à ce que la dame remarque tout à coup

 « Elle l'a quitté des yeux, mais dès qu'elle a jeté un œil sur lui à nouveau, elle a constaté qu'il n'était plus là. »

à la table d'à côté un homme qui lui semblait plutôt bizarre. Il était lui aussi en train de prendre un repas. Elle l'a quitté des yeux, mais dès qu'elle a jeté un œil sur lui à nouveau, elle a constaté qu'il n'était plus là. Aucune trace de sa présence antérieure non plus. L'homme avait disparu sans qu'elle s'en rendît compte. Elle a appelé le serveur et lui a demandé : "Mais où donc est l'homme qui était assis là il y a un moment ?" Et le serveur de lui répondre : "Mais madame, je ne comprends pas trop votre question, car il n'y a eu personne à cette table depuis que vous êtes arrivée." »

Patrick n'est pas surpris. Les lieux sont empreints de mystère et de présences spectrales. C'est évident. Il finit par quitter le restaurant, emportant avec lui ces nouvelles histoires fascinantes. Soudain, il a la perception étrange d'être suivi. Sa «webcam spirituelle haute définition», comme il l'appelle, s'active aussitôt! Qui est-ce? Le petit garçon fantôme, Table Boy, est là avec lui. «Je l'ai bien senti. Toujours

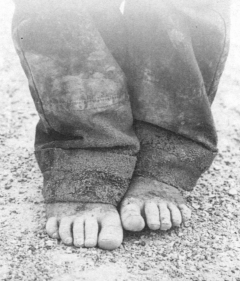

de la même façon, par mon troisième œil. Le garçon devait avoir 9 ou 10 ans, il était vêtu pauvrement de vêtements d'été de toile beige. Il devait dériver des années 1900. Je ne voyais pas son visage, par contre : il restait sombre comme celui de la petite fille de Saint-Léonard. Ce qui, pour moi, s'expliquait par son mal de vivre. C'était comme à l'habitude. Je ressentais sa présence, je pouvais la décrire, je le percevais dans ma tête ou plutôt par mon âme, et c'était plus clair que tout ce que mes yeux auraient pu voir. Le petit m'a suivi une bonne dizaine de minutes dans la rue puis, tout à coup, il a disparu comme dans un souffle. »

L'inquiétant spectre de Westmount

Vers la fin de 2006, un ami de Patrick lui parle d'une mystérieuse maison hantée dans le quartier Westmount. Le jeune homme intrigue le chasseur de fantômes par l'histoire de ces silhouettes sombres au visage noir aperçues dans l'une des fenêtres de cette riche demeure ancestrale inhabitée. Il ajoute être convaincu d'avoir discerné certains détails physiques d'une silhouette masculine. L'un de ses bras semblait présenter des brûlures, comme si cet homme avait péri dans un incendie.

« Cette maison dégageait une énergie spectrale très impressionnante. »

Patrick est fasciné par cette demeure insolite et décide d'aller y mener sa propre enquête. Un beau soir d'été, lui et son équipe donnent donc rendez-vous à l'ami en face de ladite maison, toujours inhabitée mais en rénovation.

« Il était environ 20 h. Ma première surprise a été de constater à quel point cette maison dégageait une énergie spectrale très impressionnante. Je ressentais que c'était tellement rempli de fantômes que l'édifice en tombait en pièces. Le propriétaire était ainsi obligé de la rénover non pas à cause de son grand âge mais plutôt en raison de l'énergie que drainaient les entités sur place et qui rongeait la maison. Ensuite, j'ai été très étonné de constater qu'elle était entièrement éclairée. Toutes les pièces. Pourtant, personne n'y habitait. Mon ami m'a soudain dit de regarder du côté d'une fenêtre en particulier. "Regarde, il y a quelqu'un ou quelque chose dans cette fenêtre, juste en haut à droite... cette grande fenêtre-là!" Comme je ne voyais rien, j'ai cru bon de prendre des photos en quantité. J'en ai pris plus d'une soixantaine ce soir-là, me disant que ces photos zoomées allaient certainement nous permettre de mieux identifier ce qui se manifestait là. D'étonnantes découvertes nous attendaient!»

Patrick et son ami vont être estomaqués par le résultat des clichés. En y regardant de plus près, ils sont bien étonnés d'apercevoir une figure transparente mais bien claire et immobile à la fenêtre.

L'ombre noire

 « Regarde là, t'as vu ça, c'est bien étrange, ça bouge ! »

«D'une photo à l'autre, l'être se déplaçait doucement de la droite vers la gauche. Puis, sur les photos prises quelques secondes plus tard, la silhouette lumineuse avait totalement disparu aussi mystérieusement. Et la lumière qui envahissait la fenêtre s'était estompée tout autant. Mais qu'est-ce qu'on pouvait bien avoir vu? Je ne le savais pas. Ça suscitait bien des questions chez moi. J'ai montré ces photos à une médium qui m'a tout de suite dit que cet être, probablement une femme, avait eu le cœur transpercé et qu'elle attendait désespérément un amour.

Un autre soir où je me suis rendu sur place avec quelques collègues, j'ai aussi filmé avec ma caméra infrarouge. Ce que

Cette maison est inhabitée, mais des lumières y sont allumées par mesure de protection.

Observez la fenêtre supérieure droite : une lumière vive et une forme étrange y sont soudainement visibles, juste une minute plus tard.

« J'étais bel et bien en train de filmer le mouvement d'un fantôme sans m'en rendre compte au départ. »

j'ai obtenu me semble encore bien complexe. Au moment où je filmais, tout le monde me disait : "Regarde là, t'as vu ça, c'est bien étrange, ça bouge !"

En activant le zoom de ma caméra, j'ai pu voir moi aussi ce dont ils parlaient. Un corps informe, vaporeux et noir flottait dans l'espace derrière la fenêtre. J'en ai eu la chair de poule.

J'étais bel et bien en train de filmer le mouvement d'un fantôme sans m'en rendre compte au départ. L'ombre bougeait à la fenêtre comme une feuille au vent. La forme avait approximativement adopté les contours d'une silhouette humaine un court instant, comme pour regarder un moment à la fenêtre, puis l'être vaporeux s'était évanoui tout aussi rapidement. C'était tout. Je demeurais là, espérant une autre manifestation, un autre mouvement mais, non, rien de plus. Je ne savais pas ce que c'était, mais j'étais content d'avoir assisté à cela et de l'avoir filmé également. Par la suite, je suis retourné d'autres soirs et j'ai pu capter la présence spectrale deux ou trois fois de plus sur pellicule. Elle se tenait parfois plus à gauche, parfois plus à droite. Puis, l'énigmatique silhouette ne s'est plus montrée.

 « Il a souri, n'a pas semblé du tout troublé, comme si ce n'était pas la première fois qu'il la voyait là. »

Pourtant, un autre jour, alors que je discutais avec un employé qui travaillait sur le chantier des rénovations, j'ai senti la présence d'une vieille dame qui nous observait fixement de l'une des fenêtres. Au même instant, l'ouvrier levait le doigt vers la fenêtre où la dame se tenait. Il a souri, n'a pas semblé du tout troublé, comme si ce n'était pas la première fois qu'il la voyait là. Cette fois-ci, il s'agissait d'une fenêtre du côté de la maison et non pas de sa façade... »

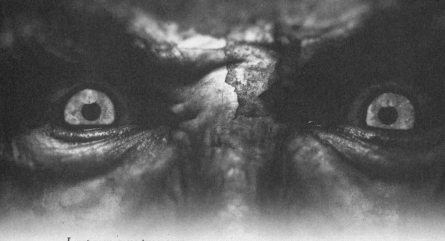

La peur aux trousses

Toutefois, une aventure plutôt effrayante attend le groupe de chasseurs de fantômes. Alors qu'ils se rendent à nouveau sur place, toujours aussi intrigués par cette maison de Westmount, l'un d'eux sent une forme agressive s'élancer vers eux.

 «Il sentait des présences lugubres en grande fureur qui se précipitaient vers nous. »

«J'étais à filmer de nouveau la maison quand, soudain, l'un de mes amis nous a crié de vite quitter les lieux. Il sentait des présences lugubres en grande fureur qui se précipitaient vers nous. Afin de nous protéger, l'un de mes copains a levé les bras bien haut comme un grizzly pour leur faire peur, pour les repousser. Il n'arrêtait de me dire: "Il faut partir Patrick, il faut partir!", alors que moi, je continuais à filmer. Mais j'ai dû laisser tomber, car je sentais bien moi aussi que ces êtres-là nous voulaient du mal. Même la médium qui nous accompagnait pressentait un grand danger. Je suis donc parti en courant mais, tout à coup, j'ai senti qu'on m'enveloppait d'un doux voile blanc. Mes guides venaient à mon secours. Ainsi, je devenais invisible aux spectres maléfiques. Nous avons vite quitté les lieux quand même, mes copains n'étant pas protégés comme moi. Le site était devenu trop malsain.

Pourquoi ces êtres avaient-ils agi ainsi? Je me doutais de la raison. Un inconnu s'était joint à nous ce soir-là. C'était un nouveau membre. Dès qu'il s'était présenté à moi, j'avais été mal à l'aise. Je sentais que cet individu était enveloppé

 «Je me suis longtemps demandé si les fantômes l'avaient poursuivi jusque chez lui...»

d'une aura de violence, comme s'il avait fait du mal à plusieurs personnes autour de lui, à certains moments de sa vie. C'était horrible comme sensation. Quand il a ouvert la bouche, c'était pire encore. Je suis convaincu que c'est lui qui a déclenché tout ça. Les spectres voyaient en lui tout le mal qu'il cachait et ils refusaient sa présence. Fait à noter, cet homme inquiétant a été le premier à se sauver. En bas de la rue, les membres de l'équipe s'étaient attendus. Lui, il avait fui, il avait complètement disparu. Je me suis longtemps demandé si les fantômes l'avaient poursuivi jusque chez lui. Ils me semblaient si menaçants... Bizarrement, on n'a jamais eu de nouvelles de cet homme et je n'ai pas tenté non plus de reprendre contact avec lui!

Et depuis, cette belle et grande résidence de Westmount demeure toujours entièrement illuminée chaque soir. Peut-être pense-t-on que la lumière calme les fantômes des lieux et repousse ainsi leurs possibles manifestations...

En tout cas, personne n'y habite encore.
J'aimerais tellement pouvoir y entrer un jour.
Imaginez si, une nuit, on éteignait toutes ces lumières, ce qu'on pourrait y voir! Qu'adviendrait-il alors?

Ah! Ce que j'aimerais être là, cette nuit-là!»

Peur contagieuse

Le docteur Brian Bexton, président de l'Association des médecins psychiatres du Québec, nous parle de la peur qui peut se transmettre entre des individus pris dans une même situation.

«Tout être humain est susceptible d'être affecté par la réaction des autres autour de lui. Et plus cette réaction 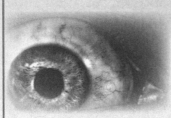 est vive, plus elle risque d'être contagieuse. Pensez entre autres aux soirées de finale de hockey où il y a de fortes poussées de testostérone chez les partisans dont l'équipe a gagné, au point qu'ils en viennent même à engager des bagarres dans les rues.

Autre fait du même type: aux dernières élections présidentielles aux États-Unis, des tests ont démontré que le taux de testostérone chez les Républicains avait soudainement diminué à l'annonce de la victoire des Démocrates qui, eux, ont vu leur testostérone augmenter! Et que dire de cette étude réalisée il y a quelques années auprès d'un groupe de femmes dont le cycle menstruel a fini par s'adapter à celui de la femme qui démontrait le plus de leadership dans le groupe? Étonnant, n'est-ce pas? On voit bien à quel point l'être humain est influençable physiquement et émotionnellement.

On se souvient tous avec joie de ces soirées au coin du feu dans les camps d'été où l'on se racontait des histoires effrayantes pour se faire des peurs. Et on finissait

tous par avoir peur! Que ce soit la joie, la défaite, la peur, il est clair qu'une forme de contagion ou d'effet d'entraînement s'installe entre les personnes qui partagent une telle situation. Pour certains, la peur procure même un degré d'excitation qu'ils aiment ressentir. La peur, c'est l'aventure, c'est une bouffée d'adrénaline que certains recherchent sans cesse. On n'a qu'à penser aux sports extrêmes comme le parachutisme et le bungee: on constate que les gens qui les pratiquent sont en quête de sensations toujours de plus en plus fortes. Alors, quand on est en groupe dans des moments où l'on peut avoir peur, il y a certainement une telle bouffée d'adrénaline chez certains ou une contamination par la peur chez d'autres. Dans un groupe, nous faisons confiance au meneur et, s'il a peur, il y a de fortes chances que nous ayons tous peur nous aussi. Au contraire, s'il n'a pas peur, nous risquons fort de retenir notre peur.

Une telle contamination peut également se remarquer dans bien d'autres domaines. Des étudiants peuvent être convaincus de posséder la vérité, le savoir, car cela leur a été transmis par cette sommité qu'est leur professeur. Des prêtres ou des pasteurs peuvent aussi contaminer leurs adeptes avec leurs convictions. Aux personnes qui cherchent une explication aux phénomènes étranges observés dans leur demeure, les chasseurs de fantômes ne peuvent-ils pas apporter les réponses tant espérées ? Ce pourrait être encore un autre type de contamination. »

Comprendre l'inconnu

Le Dr Bexton aborde également le besoin insatiable de comprendre ce que ressent tout être humain. Comment saisir l'inconnu ? « La médecin psychiatre et psychanalyste italienne Piera Aulagnier expliquait à quel point l'être humain a besoin d'une explication à tout. Aulagnier appelait "aliénation" ce fait de croire de façon inconditionnelle à quelque chose.

Attention, on ne parle pas ici de l'aliénation mentale dans le sens de la folie, mais plutôt de la nécessité d'affiner son jugement au lieu de croire les yeux fermés tout ce qu'expose l'autre. Quand on accepte l'explication des autres sans y réfléchir, on s'aliène. Certaines personnes préfèrent ne pas se faire d'opinion, ne pas faire de choix et se fier plutôt à un individu plus fort, à qui elles font entièrement confiance. Ainsi le doute disparaît, ce qui rend la vie plus simple. On aime bien avoir quelqu'un qui nous dise ce qu'on veut bien entendre.

Avec les chasseurs de fantômes, on rencontre peut-être ce type d'attitude. Des personnes vont préférer accepter l'explication de ces groupes, au lieu de se faire leur propre opinion. Si on pousse cette théorie à l'extrême, on pourrait même penser au gourou et à ses adeptes... Les

sophistes du Ve siècle avant Jésus-Christ constituent
un autre bon exemple. Ces professeurs d'éloquence de
la Grèce antique étaient des orateurs prestigieux qui
n'avaient en vue que la persuasion de leur auditoire.
Que ce qu'ils disaient fût vrai ou faux n'avait en soi
aucune importance. Les sophistes ne se préoccupaient
pas d'éthique, de justice ou de vérité ; l'important était
de tout mettre en œuvre pour persuader quiconque. Je
pense qu'aujourd'hui il existe encore des sophistes qui
pratiquent le même type de discours de persuasion. Et
en quelque sorte, rencontrer quelqu'un qui détient la
vérité rassure les moins confiants. Les gens qui demandent à des chasseurs de fantômes de visiter leur maison
dans l'espoir d'être rassurés sont comparables à ceux
qui approuvaient les discours des sophistes. Ces personnes sont peut-être des individus plus susceptibles que
d'autres, plus influençables, qui sont en quête d'explications qu'ils ne trouvent pas eux-mêmes. En ce sens,
les conclusions des chasseurs de fantômes sur les phénomènes dans leur maison peuvent au bout du compte
n'être que ce qu'ils espéraient entendre... »

Paracontacts
PRIVILÉGIER LE CONTACT AVEC L'INCONNU

***

Lieux: partout au Québec
Phénomènes: brises fraîches, champs électromagnétiques suspects, sons étranges, murmures, bruits de pas, meubles déplacés, coups frappés, etc.
Témoins et enquêteurs: Roger Mainville, fondateur de Paracontacts, et son équipe

***

« On ne pourra jamais expliquer de façon rationnelle quelque chose qui touche clairement à l'irrationnel. »
Roger Mainville

« Le paranormal est parsemé de zones grises dans lesquelles les thèses et les antithèses s'entrechoquent et où les études sérieuses sont malheureusement absentes ou axées uniquement sur les facultés psychiques de l'être humain. » C'est ainsi que Roger Mainville nous décrit les coulisses du paranormal. Depuis plus de 45 ans, cet homme soutient avoir été en présence d'une multitude de phénomènes inexpliqués qu'il a vécus, décortiqués, puis tenté de comprendre

Quelques membres de l'équipe de Paracontacts: Jonathan Mainville, Roger Mainville, Sandra Lafontaine, Stéphane Jutras et Lucie Courchesne

et d'expliquer. Il s'est efforcé d'aider les gens aux prises avec de tels phénomènes à les apprivoiser, à les interpréter ou à s'en départir.

Roger Mainville est un Métis de sang indien, membre de la Première Nation Mi'kmaq Bras d'Or de la communauté Eskasoni, en Nouvelle-Écosse. Il dit souvent qu'il n'est ni Blanc ni Rouge, mais les deux à la fois. Roger est aussi un extrasensoriel de naissance. Chaman pour les autochtones, médium pour les allochtones. Mais surtout, c'est un homme aussi intuitif que pragmatique qui dit ne croire ni en tout ni en n'importe quoi, que ce soit du domaine du paranormal ou de la science. En 2005, il regroupe une équipe de recherche pour l'appuyer. En 2009, il baptise officiellement ce groupe Paracontacts.

Roger Mainville

Des centaines de personnes ont contacté Paracontacts et Roger Mainville dans l'espoir de trouver réponses à leurs inquiétudes. Il va nous dévoiler ici quelques-unes de ses plus impressionnantes enquêtes, prenant soin cependant de protéger l'anonymat des témoins qui l'ont contacté sous le couvert du secret et de la confiance. Mais d'abord, apprenons à mieux connaître Paracontacts et ses membres.

Les objectifs de Paracontacts

Roger Mainville explique : « Notre but premier est de fournir l'appui nécessaire et les outils spécialisés pour mieux comprendre les phénomènes paranormaux ou inexpliqués vécus par certaines personnes, et amener celles-ci à se questionner et à pousser leurs recherches dans l'espoir d'éclaircir le pourquoi de ce qui leur arrive. »

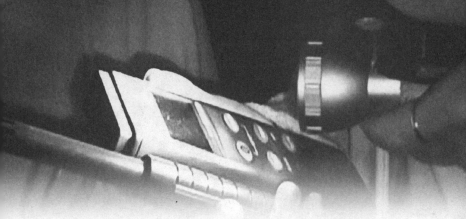

Un thermomètre, l'un des appareils spécialisés utilisés par Paracontacts.

L'organisme n'a pas la prétention de prouver incontestablement quelque théorie scientifique ou métaphysique que ce soit, mais il se donne plutôt la mission de sensibiliser et de rassurer les gens, d'inspirer de nouvelles voies de recherche dans le domaine. Dans le cadre d'une enquête, les membres de Paracontacts s'efforcent de faire la part des choses entre le normal et l'anormal. L'équipe se compose de 10 membres actifs et de collaborateurs occasionnels en provenance de différents milieux tant scientifiques que techniques ou professionnels. Pour maximiser leurs chances d'obtenir des résultats, les membres utilisent aussi bien des outils traditionnels comme le pendule de radiesthésie, les baguettes et le ressort de sourcier que des appareils scientifiques comme le DTECK2, un détecteur de champs électromagnétiques ultrasensible.

Les membres de Paracontacts

Voici un court profil des membres actifs de Paracontacts[5].

Lucie Courchesne

Lucie Courchesne rencontre Roger Mainville alors qu'elle souffre de grandes difficultés existentielles liées au suicide de son ex-conjoint. Pour réconforter la jeune femme, Roger prend contact avec le disparu. Les réponses que le défunt livre aux multiples questions de son ancienne compagne la laisseront sans voix. Par la suite, conscients de

Sylvain, Roger et Jonathan en train de visualiser du matériel vidéo pendant une enquête.

 « Malgré les apparences, nous ne sommes pas des chasseurs de fantômes, nous nous considérons plutôt comme des chasseurs de tornades, d'éclairs ou de tempêtes, qui observent ces phénomènes pour mieux les comprendre. »

Roger Mainville

leurs multiples affinités, Lucie et Roger vont doucement unir leur destinée. Depuis maintenant 19 ans, Lucie a développé son intuition au fil du temps et elle est maintenant la principale assistante de son époux. « Avec notre expérience croissante, nous avons tous augmenté nos facultés d'intuition et de sensibilité. Cela nous permet de faire des recherches professionnelles satisfaisantes et d'établir des contacts de grande importance, quand c'est possible bien sûr. Le fait d'avoir un médium au sein du groupe augmente considérablement la qualité de notre travail et nous permet d'aller plus à fond dans les révélations de l'au-delà. »

Jonathan Mainville

Jonathan est le fils du fondateur, avec qui il travaille depuis maintenant près de six ans. Il est le directeur technique du groupe. Avec un père médium, il est clair que fiston a aussi une sensibilité pour ressentir les phénomènes paranormaux. Toutefois, son diplôme d'études supérieures spécialisées en science de l'atmosphère donne à Jonathan un côté terre-à-terre qu'il assume ouvertement. Il supervise le système de caméras de surveillance, analyse les données et demeure le principal soutien technique en tout temps. Surtout, il ne gobe pas tout facilement. «En premier lieu, tout ce qui n'est pas naturel est mis sur la glace pour ensuite être passé au peigne fin. Finalement, j'essaye de démystifier le tout en gardant la tête froide. Pour y parvenir, je ne me base pas uniquement sur la logique mais aussi sur mon instinct. Je suis le mouton noir de l'équipe car, en me voyant agir, on peut aisément penser que je cherche à amenuiser les preuves paranormales que nous récoltons! Toutefois, ce n'est pas le cas, je crois aussi qu'il existe une zone méconnue défiant les lois naturelles et qui ne peut pas être expliquée par la physique ni par la métaphysique. Mais il faut toujours demeurer le plus vigilant et le plus rationnel possible.»

Sandra Lafontaine

Sandra est membre de l'équipe depuis maintenant quatre ans. «Ma plus grande motivation provient de ce que nous

Sandra, Lucie et Roger, au cours d'une enquête.

vivons sur le terrain pendant les enquêtes. Cela me permet de me poser encore plus de questions sur la vie. Si mon travail dans l'équipe peut un tant soit peu aider des gens à comprendre ou à avoir une idée de ce qui leur arrive, alors là, je serai heureuse! Je suis encore à la recherche de LA preuve que tout ça est bel et bien réel, mais je pense que seul un bon équilibre entre l'ouverture d'esprit et la science peut nous permettre d'y arriver.»

El Padre

 «Je ne me sentais pas en danger mais devant un tel phénomène, je me posais des questions...»

À juste titre, l'équipe de Paracontacts l'appelle «El Padre» car il est pasteur depuis 20 ans. À un moment donné, beaucoup d'activités inexpliquées le surprennent à la maison: des bruits de pas sur le plancher, des voix, mais surtout des contacts physiques. «Je ne me sentais pas en danger mais devant un tel phénomène, je me posais des questions... D'autant plus que ma formation ne m'incitait pas à croire au paranormal... J'essayais, par la prière, de repousser ces visites nocturnes, mais en vain. J'ai finalement invité Roger Mainville et son équipe à venir enquêter chez moi. Roger est entré en contact avec deux personnes: mon petit cousin décédé il y a plusieurs années et la vieille tante de mon épouse décédée plus récemment. Or, cette tante parlait l'arabe! C'est donc ma femme qui nous a traduit en simultanée ce que la dame nous épelait. Les réponses étaient exactes sur toute la ligne. Cela m'a convaincu de devenir membre de l'équipe. Je participe ainsi à l'occasion à des séances de contact et, au besoin, je procède à des bénédictions de maisons afin d'éloigner les esprits malveillants.»

D'autres membres

L'équipe de Paracontacts regroupe également d'autres membres passionnés tels que Guy Benoît, Julie Dionne, Ghislain Girouard, Manon Mainville, Sylvain Lavigne, Yanick Brassard, Stéphane Jutras et Anick Lauzon... Certains d'entre eux nous font part de leur intérêt d'être au sein de l'équipe.

Sylvain Lavigne perçoit des «choses inexpliquées» dès son tout jeune âge. Bien qu'il n'ait pas entretenu cette faculté par la suite, un événement advenu à son fils va faire tout ressurgir à nouveau. Sa rencontre avec Roger Mainville sera décisive. «Faire partie de cette équipe me permet de ressentir à nouveau les énergies. Mis à part mes motivations personnelles, je désire aider les gens aux prises avec des phénomènes qu'ils ne parviennent pas à s'expliquer. Par contre, je suis comme les membres de Paracontacts, je ne vois pas du paranormal partout.»

De son côté, Yanick Brassard est le «techno» du groupe. En plus de s'occuper du site de Paracontacts, il est toujours à l'affût des nouvelles technologies: logiciels, caméras, magnétophones, détecteurs, etc.

Il y a quelques années, Yanick a eu une expérience paranormale qui fut l'élément déclencheur du réveil de sa passion pour ce domaine. «Avec les membres de Paracontacts, j'explore les mystères qui nous entourent en gardant les pieds sur terre. J'ai joint l'équipe pour apporter une certaine évolution à ma vie et une aide à autrui. Au cours des investigations, j'aime bien tester de nouveaux appareils et comparer les données. Je suis un passionné des appareils électroniques.»

Avec le soutien de Paracontacts, Anick Lauzon a compris un jour la raison de certaines manifestations étranges dont elle et sa famille étaient victimes. Par après, elle a vu sa conception de la vie et de l'après-vie changer totalement.

« Cette expérience spirituellement enrichissante, ma sensibilité aiguisée et l'amitié chaleureuse du groupe Paracontacts ont fait en sorte que je suis devenue un membre actif de cette formidable équipe. Pour moi, le paranormal se situe bien au-delà de la norme du raisonnement scientifique et il mérite d'être sérieusement étudié. Dans le monde dans lequel nous vivons, nous avons tous le droit de croire ou de ne pas croire librement sans nous faire dénigrer à cause de nos convictions. Alors, pourquoi ne pas aller de l'avant en respectant les opinions de chacun ? »

L'église et l'enfant

L'un des cas les plus étranges que Roger aime à raconter est celui d'une église lourdement hantée, érigée il y a deux siècles près d'un lugubre cimetière abandonné, dans les Cantons-de-l'Est.

 « Ça a été un cas digne des pires films d'horreur ! »

Le bâtiment religieux devait être transformé en restaurant-théâtre. Or, pendant les rénovations, des meubles et des objets ont commencé à être projetés subitement en direction des employés. Certains d'entre eux ont même déclaré avoir été mordus ou poussés brutalement par des êtres invisibles. Roger entre dans le vif de cette histoire.

« Ça a été un cas digne des pires films d'horreur ! Plus aucun employé ne voulait travailler là. Désespéré, le propriétaire m'a contacté dans l'espoir que je puisse faire quelque chose. Comme je ne me rends jamais seul sur de tels lieux, j'étais accompagné de deux témoins. Dès mon entrée dans le bâtiment historique, j'ai ressenti une présence indéfinissable autour de nous.

J'ai compris qu'il ne fallait pas agir du côté de la nef mais plutôt du sous-sol. Je sentais que c'était là que tout se concentrait. Parvenu en bas, tout le monde était craintif. Nous avons vite allumé les lumières, car je considère qu'on n'a pas besoin de faire exprès pour avoir peur pour rien. Puis, nous avons attendu quelques minutes.

Curieusement, les lumières se sont soudain mises à vaciller et un froid suspect a enveloppé la pièce. Au même instant, des petits pas ont résonné sur le plancher, au-dessus

 «Les pas descendaient l'escalier du sous-sol pour se précipiter vers nous.»

de nous, se dirigeant rapidement vers l'avant de l'église. Tout de suite, j'ai compris. C'était un enfant qui hantait les lieux, pas un adulte.

Je me suis levé aussitôt et j'ai lancé bien fort: "Hé, c'est en bas que ça se passe, viens nous rejoindre!" Quelques secondes plus tard, les pas descendaient l'escalier du sous-sol pour se précipiter vers nous. L'un des témoins se rongeait les ongles tellement elle avait peur!»

Le courage d'agir

Au même moment, des coups sont frappés à tout rompre sur les portes doubles du sous-sol donnant sur le cimetière. Et très violemment. Cela provient de l'extérieur! Quelqu'un insiste pour entrer. Y aurait-il donc au moins deux entités errant en ces lieux? Roger nous raconte la suite des événements.

«J'ai aussitôt tenté d'ouvrir les portes doubles. En forçant, j'ai réussi. J'ai dit bien haut: "Arrêtez de frapper comme ça, entrez et venez plutôt écouter ce qu'on a à vous dire." La pièce s'est refroidie davantage. Je savais qu'il était temps d'entrer en contact avec ces présences. Nous devions savoir à qui nous avions affaire. J'ai demandé aux présences qu'elles se manifestent en donnant des coups sur un meuble près de nous pour épeler des lettres ou fournir des réponses affirmatives ou négatives. À l'aide de questions précises, nous avons fini par découvrir que l'une des deux entités était le petit frère du nouveau propriétaire des lieux. Ce dernier ne s'était jamais consolé de la mort accidentelle de l'enfant.

Depuis tout ce temps, l'enfant voulait faire comprendre à son grand frère qu'il n'avait pas été pas responsable de sa mort, que ce n'était pas de sa faute si le tracteur avait basculé. Il voulait lui dire: "Libère-moi, tu me retiens trop, laisse-moi partir, libère-toi de moi aussi."

C'était si triste, plusieurs d'entre nous ne pouvaient retenir leurs larmes. Tremblant d'émotion, le propriétaire, qui nous accompagnait, nous a confirmé les faits. Un troublant silence s'est installé. L'entité ne répondait plus à nos questions. Et nous avons compris que l'enfant avait enfin retrouvé la paix de l'âme et qu'il s'était éloigné doucement à jamais.»

Qui va là?

Mais tout n'est pas réglé. L'entité en provenance du cimetière est toujours présente parmi eux. Roger la sent très bien elle aussi. Mais qui est-ce donc? Roger poursuit.

 « Il a prié le fantôme du bedeau de lui faire confiance et de lui signifier son accord. »

«En utilisant le même procédé avec questions et réponses, on a découvert que l'entité tapageuse était l'ancien bedeau de l'église. Il s'opposait à l'idée de voir son église dénaturée. J'ai donc invité le propriétaire à lui décrire ses intentions, à savoir qu'il ne voulait pas détruire l'église, mais qu'il désirait plutôt la rénover sans l'altérer, lui donner une seconde vie et même restaurer le cimetière.

Il a prié le fantôme du bedeau de lui faire confiance et de lui signifier son accord. Ce qui a été fait clairement par un coup affirmatif. Nous nous sommes tous regardés avec soulagement. Eh bien, au grand bonheur de l'entrepreneur, le calme est entièrement revenu dans les jours qui ont suivi notre visite et tout est rentré dans l'ordre.»

Un cas de possession

Voici une autre histoire troublante que Roger Mainville a bien voulu partager avec nous. Un certain jour du mois de juin 2011, Roger reçoit un appel téléphonique d'un Montréalais qu'on prénommera Alain (*nom fictif*). L'homme est

 «Depuis quelque temps, elle affirmait entendre des voix.»

le voisin et ami de Julie (*nom fictif*), une jeune femme qui, depuis quelques années, adopte de façon imprévisible un bien curieux comportement.

Roger nous révèle les détails de ce cas des plus étranges. «Alain avait de plus en plus peur. Il avait remarqué ces derniers temps à quel point la voix de Julie changeait parfois comme si elle n'était pas elle-même. Même son regard s'animait alors très bizarrement. Et tout à coup, sans avertissement, elle devenait colérique et se mettait à vociférer des paroles obscures. Pourtant, Julie était habituellement calme et douce, me confirmait-il. Alain a ajouté que son amie s'inquiétait elle-même de son comportement, dont elle était consciente. La demoiselle avait très peur de ses prompts changements d'attitude. En plus, depuis quelque temps, elle affirmait entendre des voix. Elle avait bien tenté de comprendre ce qui lui arrivait, ayant multiplié les rendez-vous chez psychologue, analyste, prêtre, neurologue et psychiatre qui tous s'entendaient pour diagnostiquer qu'elle ne souffrait de rien.»

Un accueil méfiant

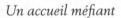

Alain espère que Roger et son équipe pourront lui venir en aide à leur façon. Quatre membres de Paracontacts se déplacent pour cette enquête : Roger, Lucie, Sandra et El Padre, ce dernier vêtu de sa chemise cléricale.

Nous sommes en début de soirée, vers 19 h 30. Roger ouvre la marche dans le corridor quand

il aperçoit Julie. Cette dernière est au courant de la venue de Paracontacts car son ami l'a prévenue afin d'avoir son accord.

Roger raconte : «Elle était là au bout du corridor, à nous observer, debout à la porte de l'appartement d'Alain et de son colocataire, présent lui aussi. On continuait d'approcher, elle me fixait avec insistance, je lui ai souri, elle a répondu timidement à mon sourire et m'a laissé entrer dans le logement d'Alain. Je la surveillais du coin de l'œil.

Je voyais déjà son regard se transformer peu à peu et devenir agressif. Quand elle s'est tournée vers Sandra, c'était de la hargne qui s'en dégageait. Et lorsqu'El Padre est passé à sa hauteur, elle s'est brusquement mise en colère et a tenté de lui sauter dessus. Nous avons dû nous y prendre à plusieurs pour la maîtriser. On a fini par la calmer en lui parlant doucement. Déconcerté, El Padre était étonné de l'ampleur de ce cas. Pendant que Lucie, Alain et son colocataire faisaient tout pour garder Julie en paix, j'ai eu l'idée de me rendre dans son logement à elle, juste à côté. J'avais la vive impression que c'était là que ça se passait. Sandra et El Padre m'ont accompagné.»

Une purification s'impose

Dès qu'ils pénètrent dans l'appartement vide, les trois visiteurs y pressentent une énergie très dense. Ils ont l'impression d'avancer péniblement comme s'ils évoluaient dans l'eau d'une piscine. Ils se déplacent de la cuisine à la chambre à coucher. Très vite, ils constatent qu'ils se sentent vraiment mal dans cette pièce. En plein cœur de la chambre, quelque

«Un tel changement dans l'air d'une pièce est un symptôme significatif d'une possible présence spectrale.»

chose d'étrange cause d'inexplicables fluctuations de leurs appareils de détection de champs électromagnétiques. Plus étonnant encore, les champs apparaissent et disparaissent et se déplacent abruptement d'un point de la pièce à un autre. En plus, la température est instable. L'air se rafraîchit subitement et s'assèche.

Roger s'empresse de nous raconter la fin de cette troublante enquête. «Un tel changement dans l'air d'une pièce est un symptôme significatif d'une possible présence spectrale. Il fallait donc passer tout de suite à l'action et purifier l'endroit pendant que Julie se trouvait encore chez ses voisins avec Lucie. On a disposé des magnétophones dans des endroits stratégiques de l'appartement, et moi, je me suis préparé à provoquer ce qui s'y trouvait afin de pousser ces présences à se dévoiler. El Padre était déjà en train de réciter des prières à haute voix.

«Je balayais l'endroit avec mes branches de cèdre pendant qu'El Padre continuait de réciter ses prières et de bénir la pièce avec plus d'insistance encore...»

J'ai lancé tout haut : "Je sais que vous êtes là, je n'ai pas peur de vous, qui êtes-vous ?" Je parlais avec conviction pour que les présences comprennent qu'on n'était pas apeurés. J'ai invité El Padre à bénir les lieux. Il avait en main son livre de prières et un petit bocal d'eau bénite qu'il utilisa aussitôt. Pour certains, ces gestes peuvent paraître liés à des croyances religieuses précises qui n'ont rien à voir avec le domaine des morts ; toutefois, l'important pour nous, c'est qu'on sait que ça fonctionne. De mon côté, j'avais apporté du cèdre qui, selon les rites autochtones, contribue à chasser les mauvais esprits ou les mauvaises énergies.

On a ainsi réuni deux formules de purification qui avaient déjà fait leurs preuves par le passé. J'ai balayé l'endroit avec mes branches de cèdre pendant qu'El Padre continuait de réciter ses prières et de bénir la pièce avec plus d'insistance encore...»

Frappés de stupeur

Mais la lugubre présence ne semble pas avoir dit son dernier mot. La porte de la penderie s'ouvre brusquement devant Sandra. Tout le monde sursaute.

Roger se doute bien que le travail n'est pas achevé et qu'on accepte mal leur intervention. «Il y avait maintenant quelque chose de malsain dans la pièce avec nous. C'était sorti du placard. Cette présence tenait à se manifester, assurément dans le but de nous effrayer. Au même moment, El Padre nous a confirmé qu'il ressentait une énergie négative tout près de lui. Il avait des frissons, il n'était vraiment pas bien. Je l'ai encouragé à dominer la situation, à hausser le ton et surtout, à ne pas cesser ses prières. Il a augmenté la cadence.

 «Ces présences extrêmement négatives et agressives parasitaient la fragile Julie…»

Soudain, on a entendu de grands coups frappés sur le mur de la chambre. (Par la suite, on est allés vérifier auprès des voisins qui nous ont confirmé qu'ils n'avaient pas frappé sur le mur.) Fait encore plus étrange, au même moment, dans l'appartement d'Alain, Julie se plaignait de fortes douleurs dans la poitrine. De notre côté, l'air est devenu extrêmement dense. Plus tard, en écoutant les enregistrements amplifiés de cet instant précis, on a entendu la voix sourde d'une femme. Imperceptibles juste à l'oreille, l'enregistrement nous a dévoilé des mots émis dans un souffle.

Une chose était évidente, ces mots presque tous incompréhensibles attaquaient El Padre, car on a réussi à capter le mot "prêtre" projeté de façon agressive. L'enregistrement révélait aussi la présence de quelqu'un qui semblait étouffer dans la pièce même. Par la suite, on a compris qu'il y avait sur place deux entités, une masculine et une féminine. Je les pressentais très bien d'ailleurs. Je sentais qu'elles tentaient de nous éviter, de nous évincer. Ces présences extrêmement négatives et agressives parasitaient la fragile Julie, mais je sais qu'elles n'étaient pas démoniaques parce qu'il n'y avait pas de traces d'agressions physiques sur la victime ni d'indices nous permettant de croire à leur nature diabolique.»

Le calme après la tempête

Le trio continue d'agir dans l'espoir d'apaiser cette tempête paranormale. Peu à peu, la densité de l'air s'estompe, les bruits dans le mur s'étouffent et tous recommencent à se sentir mieux. Curieusement, dans le logement voisin, Julie

 «Julie a retrouvé sa voix douce, elle n'a plus de sautes d'humeur.»

ne se sent plus oppressée, elle respire sans problème, son visage s'apaise et elle va mieux elle aussi. Roger n'en revient pas encore.

«Pourtant, elle ne savait pas que nous, au même moment, nous avions soudain eu le sentiment que la purification de son appartement avait réussi. Ce fut un succès sur toute la ligne et nous en sommes fiers. Depuis notre passage, Julie n'est plus la même. Elle a retrouvé sa voix douce, elle n'a plus de sautes d'humeur et elle est maintenant très calme et joyeuse. Sa famille qui l'avait reniée depuis un certain temps a recommencé à la côtoyer. Nous sommes quand même retournés sur place quelques semaines plus tard pour nous assurer que tout se passait bien. Je peux vous dire que l'énergie ambiante avait complètement changé. On respirait bien, c'était léger et agréable. L'équipe de Paracontacts est vraiment heureuse d'avoir contribué au bien-être de cette femme. Toutefois, ce fut une expérience si difficile que nous n'espérons pas en revivre de semblables trop souvent!»

Le théâtre hanté

Au fil des ans, Roger Mainville et son équipe ont visité d'autres lieux troubles, riches en surprises. L'un d'eux est une résidence intrigante, construite à flanc de colline en retrait d'un village de campagne. La première visite de Roger à cet endroit n'a pas pour but de mener une enquête paranormale. Comme ils connaissent ses talents d'écrivain, les propriétaires lui ont demandé un petit coup de main pour l'écriture d'une pièce de théâtre en chantier. Roger a accepté avec plaisir. Mais dès qu'il passe le cadre de porte, il sent bien l'étrangeté de l'ambiance. «C'était en plein cœur de l'après-midi, pas en pleine nuit. J'ai pourtant tout de suite

 «On aurait déjà retrouvé pendue là une dame désespérée après une faillite... »

senti quelque chose de désagréable, comme une présence négative. J'ai confié à mes hôtes : "Savez-vous qu'on n'est pas seuls ici ?"

La dame m'a répondu tout simplement : "Mais oui, nous le savons, la maison est hantée. On se doute même que c'est une dame. Nous nous sommes habitués à sa présence avec le temps.

Elle est l'auteure de plein de manifestations étranges : des bruits de pas, des murmures, des coups frappés sur les murs, l'air qui se refroidit souvent au sous-sol. Mais ça va, nous vivons avec cela sans problème." Je lui ai demandé si je pouvais aller faire un tour au sous-sol. Bizarrement, j'ai remarqué qu'une source d'eau traversait les lieux. On le sait, l'eau constitue toujours un bon canal de diffusion pour les entités.

J'ai pressenti quelque chose de lourd, de très négatif.

"On aurait déjà retrouvé pendue là une dame désespérée après une faillite", a souligné la propriétaire. La demeure avait vu défiler plusieurs propriétaires, tous acculés à la faillite. Ne semblant pas trop s'en faire avec cela, l'occupante actuelle des lieux a ajouté: "Nous sommes les seuls à ne pas avoir fait faillite! Nous ne nous inquiétons pas. Notre théâtre fonctionne très bien!"»

A-t-elle eu le dernier mot?

Finalement, tous remontent à l'étage pour se concentrer sur le travail d'écriture. Mais avant de quitter, Roger sert quand même un petit avertissement à ses hôtes. Il les avise que cette présence semble extrêmementnégative et manipulatrice. Les propriétaires doivent être prudents. Roger leur conseille de faire brûler de la sauge, du cèdre ou du foin d'odeur pour éloigner les influences négatives, les empêcher de devenir plus denses et ainsi purifier régulièrement l'endroit.

Mais le couple, plutôt incrédule, ne fait pas de cas de ses suggestions. Roger leur rappelle qu'ils peuvent toujours l'appeler n'importe quand, au besoin.

Le temps passe. Le couple monte la pièce de théâtre comme prévu et la produit enfin dans la salle de la vaste demeure accrochée à la colline. Roger est invité à la première, à laquelle il se rend avec plaisir en compagnie de son frère. Il se dit qu'en fin de compte, les propriétaires doivent avoir eu le dessus sur la situation. La soirée se déroule bien. À la fin de la présentation, devant tout le monde, la propriétaire surprend Roger en lui demandant s'il veut bien prendre contact avec l'entité des lieux.

Après une hésitation, il acquiesce quand même. Il nous raconte la suite de cette soirée renversante. «Je me suis dit que cela voulait dire qu'ils étaient encore aux prises avec

 «La table ne s'est pas seulement soulevée de quelques pouces sous nos mains, mais s'est élevée carrément dans les airs...»

cette ténébreuse présence. Pour la circonstance, j'ai choisi une immense table de bois dans la salle et j'ai proposé à une vingtaine de personnes de venir s'asseoir tout autour avec moi. Ça n'a pas été long que ça s'est mis à bouger, au grand étonnement de tout le monde.

La table ne s'est pas seulement soulevée de quelques pouces sous nos mains, mais elle s'est élevée carrément dans les airs pour retomber très lourdement sur le plancher. La salle était pleine et une centaine de personnes ont donc été témoins de l'événement. Nous avons tous été estomaqués par l'ampleur du phénomène. J'ai ensuite fait épeler des mots en fonction des questions que nous posions à l'entité. Une phrase insistante a vite surgi avec colère : "Sortez de ma maison, sinon je vais vous sortir !"

Une bonne moitié des gens, apeurés, ont quitté la salle en catastrophe. De mon côté, j'ai tenté d'apaiser le tout, mais la table multipliait ses mouvements agressifs. Mon frère s'est approché de moi et m'a soufflé à l'oreille : "Roger, j'ai peur, je veux partir d'ici et je pense que tu devrais faire la même chose. Il n'y a rien à faire avec cette entité." Pour ma part, j'hésitais encore parce que j'espérais pouvoir convaincre l'entité de quitter les lieux, de cesser de vouloir éloigner les propriétaires.

J'étais conscient de la force exceptionnelle de cette présence tenace et malsaine contre laquelle j'avais peu de chances de réussir en si peu de temps. La salle était maintenant vide et j'ai quitté moi aussi les lieux. Mais avant de partir, j'ai averti à nouveau les propriétaires des risques d'en pâtir comme tous les autres avant eux. Un peu déroutée, la propriétaire semblait encore sceptique. Pourtant... »

Maison à vendre...

Des mois ont passé. Roger n'a plus de nouvelles du couple, malgré quelques appels de sa part. Puis, un jour, il décide d'en avoir le cœur net et retourne sur les lieux.

Sur place, tout semble désert. Il se pointe à la porte et sonne. Personne. Le silence. Une pancarte à vendre est plantée devant la façade de la demeure. Il se rend à un petit bistro non loin de là. « J'en ai profité pour questionner les employés dans l'espoir d'en connaître un peu plus sur le destin des anciens propriétaires dont je n'avais plus de nouvelles.

L'une des serveuses s'est souvenue de leur énorme chien devenu fou au point de mordre des enfants.

"Ils sont partis, m'a-t-elle dit sans surprise. Un beau matin, ils n'étaient plus là. Et les nouveaux propriétaires ont remis en vente la maison très rapidement après son achat. Mais ils ne réussissent pas à la vendre. Ça semble mort dans cette maison. Ils n'y viennent presque plus. " Pour moi, ces paroles avaient tout un sens. Trop de sens. Eux aussi avaient fini par être terrassés par la hantise de cette malsaine présence invincible. Tout cela était bien triste.»

Hantise chez un groupe criminel

Un jour du mois de mars 2010, Roger reçoit une demande d'enquête paranormale de la part de Mike (*nom fictif*), nouveau propriétaire d'une maison depuis à peine six mois. La demeure est l'ancien repaire d'un groupe criminel dans les Cantons-de-l'Est. L'individu a eu vent de rumeurs circulant au sujet d'un cadavre découvert un jour dans un fossé près de la maison.

Il se demande carrément si le fantôme de cet homme ne refait pas surface de temps en temps. Roger nous raconte les détails de ce cas. «Mike et sa conjointe commençaient à

 «Même leurs chats réagissaient bizarrement et sursautaient à l'occasion. »

avoir peur d'habiter les lieux, perturbés par des bruits de pas qui montaient à l'étage des chambres et erraient même autour de leur lit la nuit.

Même leurs chats réagissaient bizarrement et sursautaient à l'occasion. Quant à leur chien, il refusait d'entrer dans certaines pièces.

Je me suis donc présenté avec ma conjointe Lucie, Sandra et Sylvain. On a arpenté le terrain situé à l'orée d'un boisé, en bas d'une colline. J'y ai remarqué que les arbres étaient couverts de tumeurs, de gros nœuds partout sur les troncs.

Pour moi, ça pouvait être un signe de déformation du champ magnétique de la terre. J'étais persuadé qu'il y avait aussi

des veines d'eau sous la maison parce que des ruisseaux coulaient tout autour. Comme on l'a vu plus haut, l'eau constitue toujours un élément susceptible d'aider les entités à se déplacer plus aisément. De retour à l'intérieur de la maison, nous avons installé nos appareils de détection.»

Une présence gênante

En circulant dans les pièces, Roger est soudain pris de vertiges au deuxième étage, dans la salle de séjour. Il devine quelque chose de très lourd autour de lui. Cela l'affecte énormément, ce qui est inhabituel chez l'enquêteur. Pourtant, les appareils ne détectent rien de significatif. L'équipe quitte cette pièce pour retourner à la cuisine.

D'un coup sec, l'air s'y refroidit soudainement et des coups bombardent le mur de la cuisine qui donne sur l'extérieur. Roger nous relate la suite des événements. «J'ai alors lancé bien haut: "Il est clair que vous voulez nous faire savoir que

 «Il était temps pour moi de communiquer avec cette présence.»

vous êtes là, n'est-ce pas?" Au même instant, une petite balle en caoutchouc, de la taille d'une balle de tennis, a rebondi fortement sur le plancher du salon, en provenance d'une bouche d'aération du plafond sans grillage de protection.

Elle a touché le sol avec tellement d'intensité qu'on a eu l'impression qu'elle avait été lancée avec beaucoup de force.

Pourtant, après vérification, nous avons constaté qu'aucun chat ni personne n'était au deuxième étage à ce moment-là. Nous nous sommes regardés avec stupeur. J'ai cru important d'écouter tout de suite l'audio amplifié de nos enregistrements. Et ce qu'on a entendu nous a subjugués! Il y avait clairement des bruits de pas dans la chambre des maîtres, principalement autour du lit. En plus, on a perçu des murmures masculins, dont les paroles étaient toutefois inaudibles. Il était temps pour moi de communiquer avec cette présence.»

Le contact

Pour entrer en contact avec l'entité qui hante les lieux, Roger utilise un jeu de tarots qui va lui servir de moyen pour amplifier sa voyance. Il nous explique son procédé.

 «Un homme hantait les lieux à la recherche de quelque chose.»

«J'ai fait choisir quelques cartes à la propriétaire des lieux. Chaque carte m'a fourni des images supplémentaires aiguisant un peu plus ma médiumnité. Les cartes choisies nous ont dévoilé qu'un homme hantait les lieux à la recherche de quelque chose. J'ai donc décidé d'improviser une forme de Ouija avec un verre bougeant, en prenant un bol et en répartissant des lettres de l'alphabet sur la table. Très vite, les réponses ont fusé. L'entité était bien l'homme assassiné. Celui-ci n'avait jamais voulu quitter l'endroit. Il

nous a même confié son prénom, que je garderai secret pour préserver l'anonymat des propriétaires. En plus, il nous a expliqué être désespérément à la recherche de quelque chose d'important, caché sur place et qui lui appartenait.

Il nous a confirmé qu'il ne voulait faire de mal à personne mais qu'il devait récupérer son bien coûte que coûte. Les propriétaires ont alors compris pourquoi la maison comportait plusieurs trous dans les murs à leur arrivée... Probablement que d'autres personnes, vivantes celles-là, espéraient

 « Quel était son secret? On ne l'a jamais su et on n'a pas voulu le savoir. »

mettre la main sur ce précieux butin. Après ce contact concluant et satisfaisant pour les propriétaires, nous sommes partis sans en savoir plus et, surtout, sans vouloir en savoir plus. Le rôle de Paracontacts demeure de tenter d'expliquer certaines situations paranormales ou d'aider à purifier des lieux si nécessaire. Mais nous nous retirons dès que possible pour nous immiscer le moins possible dans la vie des gens. Quel était ce secret? On ne l'a jamais su et on n'a pas voulu le savoir. Par contre, je n'ai pas été étonné d'apprendre peu de temps après notre visite que la maison avait rapidement été vendue. »

Le manoir maudit

Parmi ses impressionnantes expériences, l'équipe de Paracontacts a exploré un vaste domaine ancestral[6] qui est à vendre depuis des années, sans jamais avoir trouvé d'acheteur. Selon Roger Mainville et son équipe, cela risque de stagner encore longtemps, tant qu'une jeune pensionnaire de l'endroit, assassinée dans la région au courant des années 1970, n'aura pu se venger de ses agresseurs.

Car, après toutes ces années, les meurtriers n'ont pas encore été arrêtés. Roger nous donne plus de détails sur ce cas poignant. « Un gardien de sécurité reste au domaine en

permanence. L'endroit a été un hôtel avant d'être un pensionnat pour jeunes filles. C'est par ma sœur Manon que j'ai entendu parler de ce lieu la première fois. Elle avait ouï dire par des amis intéressés à acheter l'immense demeure qu'elle serait hantée. Elle a donc demandé aux propriétaires actuels l'autorisation d'aller y faire enquête dans l'espoir de comprendre pourquoi les lieux rebutaient tant d'acheteurs. Et ils ont accepté.»

Les manifestations du 3e étage

 «Plusieurs visiteurs auraient rapporté avoir été témoins de bruits de pas dans les corridors, de fracassantes ouvertures et fermetures de portes sous leurs yeux, de brises intenses et soudaines, de murmures...»

L'équipe de Paracontacts se présente donc en fin d'après-midi, par un doux jour de juin 2009. Comme le lieu n'est pas habité, il n'y a aucun problème à ce qu'ils y passent la nuit entière. Roger nous raconte. «Nous étions 12 membres de Paracontacts, plus 6 techniciens avec une multitude d'appareils et 4 observateurs. Le gardien nous a reçus avec gentillesse. Il nous a confirmé toutes les rumeurs de hantise. Il a ajouté que c'était principalement dans les suites, au troisième étage, que ça bougeait.

Plusieurs visiteurs lui auraient rapporté avoir été témoins de bruits de pas dans les corridors, de fracassantes ouvertures et fermetures de portes sous leurs yeux, de brises intenses et soudaines, de murmures... Certains individus ont même relaté avoir été effleurés, alors que d'autres ont soutenu avoir vu le spectre d'une dame âgée errer dans l'une des chambres. On se doute bien pourquoi ces gens ébranlés ont préféré ne pas acquérir le domaine!»

Un sceptique confondu

L'équipe de Paracontacts installe tous ses instruments dans des emplacements stratégiques des quelque 150 pièces réparties dans les deux bâtiments du manoir. Ils remarquent déjà qu'un bureau du sous-sol, la grande salle de réunion et l'ancienne cuisine dégagent un froid excessif.

 «Il a semblé aussitôt foudroyé. Il s'est mis à étouffer et a semblé paralysé.»

Des membres de Paracontacts y ressentent de curieuses impressions. L'air est plus sec, plus dense. Quelque chose les enveloppe, telles des colonnes d'énergie inexplicables et qui provoquent des malaises. Roger élabore plus encore sur cette nuit effarante.

«Il y avait avec nous quelqu'un de très sceptique et athée. Je lui ai donc proposé de se glisser en plein cœur de cette mystérieuse colonne d'énergie se déplaçant au milieu de la pièce. Il s'y est planté avec une pointe de défiance. Il a semblé aussitôt foudroyé. Il s'est mis à étouffer et a semblé paralysé. J'ai dû le saisir par la chemise pour le retirer de cet espace. C'était vraiment incroyable!

Son attitude a alors changé complètement. Maintenant apeuré, il avait le désagréable sentiment d'être suivi en permanence. Quelque chose d'anormal gravitait tout autour de nous. Nos appareils de détection révélaient des champs électromagnétiques extrêmement fluctuants et inexplicables. Et ce n'était qu'un début, la soirée nous promettait encore bien des surprises.»

Un trop-plein d'énergie

L'équipe se transporte ensuite au troisième étage, zone reconnue pour ses manifestations les plus spectaculaires. Du temps du pensionnat, l'étage était habité par les administrateurs et les institutrices. Un technicien de Paracontacts

 «Le détecteur s'est soudain mis à recueillir d'étranges fluctuations...»

y ratisse l'une des suites avec un lecteur de spectres électromagnétiques. Cet appareil unique a la caractéristique de fournir en direct sur un afficheur des schémas des formes d'ondes captées.

«Le détecteur s'est soudain mis à recueillir d'étranges fluctuations qui s'élevaient à 1,74 µT (microteslas)[7], relate Roger. Cette mesure est impressionnante quand on sait que dans un lieu sans électricité comme celui-là, la lecture devrait être de 0,00 µT ou d'environ 0,000052 T (équivalent à 52 000 nT ou nanoteslas) sur les appareils plus sensibles, soit l'équivalent du champ magnétique terrestre. Dans une maison avec électricité, les mesures varient généralement entre 0,02 et 0,04 µT. Plus étrange encore, cette concentration d'énergie se déplaçait dans la pièce. Des membres de l'équipe sont même allés vérifier à l'étage inférieur si quoi que ce soit pouvait être à l'origine d'une telle bouffée d'énergie. Mais non, rien! Rien d'explicable en tout cas.» C'est dans cette pièce que Roger Mainville décide d'établir un contact paranormal.

«Si je choisis d'utiliser une table ou un meuble quelconque pour établir le contact avec les entités d'un lieu hanté, c'est pour permettre aux témoins de percevoir eux aussi cette présence. Si je ne faisais qu'exprimer verbalement ce que cette présence me transmet à moi par médiumnité, les témoins pourraient croire que ce n'est que pure invention de ma part. Mais quand ils perçoivent eux aussi la vibration ou le mouvement d'un meuble sous leurs doigts ou sous leurs yeux, ils assistent à quelque chose de concret, ils voient et perçoivent eux aussi l'échange avec une entité.»

L'instant de vérité

Pour ce faire, Roger déplace un gros tabouret qui trône dans le coin de la pièce. Cinq participants s'assoient autour du tabouret alors que les 17 autres membres et observateurs se répartissent le plus près possible. Parmi les observateurs se trouvent certaines personnes qui se sont greffées au groupe dans le but d'obtenir l'explication à des questions toujours restées sans réponses. En peu de temps, le contact va s'opérer. L'échange se fera à l'aide de questions qui exigent des réponses positives ou négatives ou encore l'épellation de mots précis.

«Très vite, nous avons su qu'il y avait une présence féminine parmi nous. Lorsqu'elle nous a épelé son nom, celui-ci était significatif pour plusieurs personnes autour de nous. Un silence intense nous a enveloppés. Il faut savoir qu'il existe une histoire très triste dans la région.

Une jeune fille aurait été assassinée sans qu'on n'ait jamais pu retrouver les coupables. Il semblait bien que nous étions en contact avec cette pauvre enfant désespérée. L'émotion était tangible. Plus encore quand elle nous a expliqué qu'elle voulait se venger de son assassinat. L'air s'est refroidi excessivement. Nos caméras vidéo ont éprouvé des dysfonctionnements bizarres, les piles se vidaient et il fallait les remplacer. La jeune femme nous a alors raconté son meurtre. La tension était intense dans la pièce. À l'époque, elle consommait des drogues et était allée rencontrer un fournisseur. Celui-ci l'aurait convaincue d'embarquer avec lui et des compagnons pour aller chercher sa commande, ce qu'elle aurait accepté dans sa grande naïveté. Ils l'auraient alors conduite de force dans un lieu isolé pour l'agresser à mort.

La jeune femme nous a raconté qu'en se défendant, elle avait tout de même réussi à blesser l'un d'eux avec la clé de sa porte de chambre. Elle a nommé deux noms qui étaient déjà sur la liste des suspects possibles de la police, selon l'une des

« Que faire avec une telle information qui pourrait être aussi cruciale ? »

participantes qui enquêtait personnellement sur ce meurtre. Toutefois, le troisième nom cité était inconnu de toutes les personnes présentes au courant de l'histoire de ce crime non résolu. Les gens n'en revenaient pas... Que faire avec une telle information qui pourrait être aussi cruciale ?

Quelques jours plus tard, l'investigatrice a découvert que ce nom était celui d'un individu évadé de prison à l'époque et reconnu comme extrêmement dangereux... »

La chambre 235

Estomaqués de ces révélations, les observateurs veulent en savoir plus. Roger continue à questionner la jeune entité. Il lui demande le numéro de la chambre où elle séjournait. « La 235... », répond-elle.

Après vérification auprès de membres de la famille dans les minutes suivantes, la chose est confirmée. La jeune femme décrit également l'endroit où seraient enfouies ses clés (après toutes ces années, les fouilles faites sur place

« Je lui ai quand même proposé de l'aider à quitter ces lieux de souffrance, mais elle a refusé. »

par les policiers n'ont rien livré à ce sujet ; cependant, une vieille carte topographique révèle bel et bien une petite route menant à un ancien dépotoir, tel que décrit par la jeune fille pendant l'échange avec Paracontacts). Surtout, elle répète son désir de vengeance...

«Nous ne savions pas trop quoi faire avec ça. Je lui ai quand même proposé de l'aider à quitter ces lieux de souffrance, mais elle a refusé. Elle n'avait qu'une idée en tête, se venger et hanter ces lieux tant et aussi longtemps que ce ne serait pas fait. Nous, nous ne pouvions faire plus pour elle. Les noms cités étaient ceux de personnes de la région, mais nous ne pouvions pas agir contre elles. Et aller raconter cette soirée à la police n'aurait probablement rien donné car les autorités n'auraient pas cru à ce contact paranormal... Nous ne voulions et nous ne pouvions pas pousser plus loin cette histoire. Alors, nous avons remis les données à un observateur pour qu'il puisse les faire parvenir à la famille et nous avons quitté les lieux en espérant que cette pauvre âme finisse par trouver la paix un jour. D'ici là, le domaine risque de rester lourdement hanté par sa vengeance.»

Il était là pour la protéger

Si certaines entités s'accrochent à des lieux, portées par un désir de vengeance, d'autres les hantent dans l'espoir de protéger un être cher. Roger nous raconte un autre cas émouvant qui, en février 2010, a marqué les annales de l'histoire de Paracontacts. Jeannine (*nom fictif*), une dame de la région de Drummondville, tente de vendre sa maison depuis un certain temps, mais sans succès. La demeure est maintenant vide. Jeannine explique à Roger que lorsqu'elle retourne à la maison, elle entend parfois quelqu'un marcher sans voir personne, la porte d'entrée s'ouvre et se ferme brusquement, des bruits de pas la suivent. Un jour, elle laisse même un magnétophone fonctionner pendant son absence, et l'écoute amplifiée de ses enregistrements lui dévoile de mystérieux murmures sourds.

«Jeannine m'a demandé d'aller enquêter sur place, car elle souhaitait mettre fin à ses problèmes de vente, ajoute Roger. Elle craignait que ces manifestations en soient la cause. En compagnie de Lucie et de Sandra, je m'y suis donc rendu un jeudi soir de février 2010. On a ratissé la maison de bas en haut. Au sous-sol, on captait déjà de singulières fluctuations de champs électromagnétiques. L'air était extrêmement dense. Nous entendions soudain marcher dans une autre pièce, mais chaque fois que nous

«La propriétaire a demandé à cette présence si elle la connaissait. La réponse a été catégorique, c'était affirmatif.»

nous déplacions, il n'y avait plus rien. J'ai décidé de provoquer le contact. Nous nous sommes installés par terre au salon – il faut se rappeler qu'il n'y avait plus aucun meuble dans la maison – et nous avons disposé sur le plancher autour de nous des appareils de détection munis de voyants lumineux gradués. Nous allions inviter la présence à entrer en contact avec nous par l'entremise de ces appareils. Cinq minutes plus tard, alors que je demandais à l'entité de se manifester, les cinq voyants lumineux d'un appareil se sont mis à clignoter vivement. En réponse affirmative, les voyants s'allument au maximum une fois. Deux fois en réponse négative.

La propriétaire, qui nous accompagnait, a demandé à cette présence si elle la connaissait. La réponse a été catégorique, c'était affirmatif. À la question de savoir si elle faisait partie de sa famille, l'appareil a clignoté à deux reprises en signe de réponse négative. Un ami, donc ? L'appareil a confirmé. On lui a demandé d'épeler son nom. On a donc décliné chaque lettre de l'alphabet. Lorsqu'elle a compris de qui il s'agissait, la dame avait la gorge nouée d'émotion. C'était son grand ami décédé d'un cancer à l'hôpital il y avait trois ans... »

Mot à mot, les enquêteurs découvrent que cet ami est là pour protéger la propriétaire d'un conjoint violent qu'elle a quitté peu de temps auparavant. La tendre présence veut protéger Jeannine de cette personne et lui donner la force de se séparer enfin d'elle. Le fantôme de son ami est là, près d'elle, comme un ange gardien. Jeannine lui demande s'il voit maintenant un inconvénient à ce qu'elle vende cette maison. Comme il sait maintenant Jeannine en sécurité, il fait savoir qu'il va disparaître car elle n'a plus besoin de lui.

Roger conclut cette touchante histoire. « Cette femme était à la fois soulagée et ébranlée par cette révélation. Plusieurs mois plus tard, elle m'a écrit pour me remercier et me dire à quel point elle se sentait bien dorénavant. Ce fut un autre beau cas où nous avons eu le sentiment du devoir accompli. »

Une maison en construction

Explorons maintenant l'histoire étonnante d'une maison toute neuve, à Granby. Plutôt sceptique, Pascale (*nom fictif*), la propriétaire de cette nouvelle résidence, communique malgré tout avec Roger. Ses deux adolescentes prétendent sentir une présence insistante dans la maison. Plutôt

« On y entendait des pas évoluant d'une chambre à la salle de séjour, une porte qui se fermait et le bruit des boîtiers de jeux vidéo qui s'entrechoquaient. »

méfiante, Pascale demande tout de même à Roger de venir visiter la maison. « Dès mon arrivée sur place avec Lucie, j'ai installé les instruments dans différentes pièces. Trente minutes plus tard, nous avons décidé d'écouter les enregistrements captés au sous-sol.

On y entendait des pas évoluant d'une chambre à la salle de séjour, une porte qui se fermait et le bruit des boîtiers de jeux vidéo qui s'entrechoquaient.

« Nous avons fini par découvrir que c'était une jeune adolescente autochtone ayant vécu là autrefois. »

C'était très étrange. Il y avait aussi des tiroirs qui s'ouvraient et se fermaient brusquement, et des petits coups ont même été donnés sur l'un des magnétophones. Par contre, il était clair que les pas n'étaient pas lourds ; c'était sûrement ceux d'un enfant ou d'une femme. Finalement, en prenant contact avec cette entité à l'aide des instruments, nous avons fini par découvrir que c'était une jeune adolescente autochtone ayant vécu là autrefois.

Elle nous a exprimé son réconfort de partager cet espace avec deux autres adolescentes. Elle a dit avoir vécu sur cette terre. Des recherches effectuées par la suite ont permis de

constater que des vestiges d'un village autochtone étaient ensevelis sur ce site.

Comme la présence de cette jeune fille fantôme ne leur semblait pas menaçante, Pascale et ses filles n'ont pas exigé de la faire quitter les lieux. Par contre, quand j'ai recommuniqué avec elles quelques semaines plus tard, elles m'ont confirmé que les manifestations s'étaient apaisées. Ce genre de situation se produit fréquemment après avoir établi un contact avec des entités. C'est comme si elles retrouvaient ainsi la paix de l'âme. Les gens en place respectent sa présence en autant qu'elle-même les respecte aussi, et elle ne les dérange plus. Et ils vivent par la suite en une belle harmonie sans se gêner. »

La maison hantée de Longueuil

L'équipe de Paracontacts a vécu toutes sortes d'aventures ces dernières années. Voici une autre histoire à donner la chair de poule.

Une famille de Longueuil en a assez des phénomènes insondables qui perturbent son quotidien. Des portes d'armoire s'ouvrent et se referment subitement dans la résidence et de sourds bruits de pas se font entendre dans les escaliers et dans les chambres. Cinq membres de l'équipe Paracontacts, Roger, Lucie, Yanick, Sylvain et Sandra, vont y voir de plus

 «Nous étions tous conscients qu'il se passait quelque chose d'anormal.»

près. La famille au grand complet, les parents et leurs cinq enfants, les attend impatiemment. Roger et ses collègues installent leurs appareils comme à l'habitude, puis rejoignent la famille dans la salle à manger. Roger nous raconte cette soirée mémorable.

«Nous étions en train de discuter quand, tout à coup, des pas ont couru sur le plancher du grenier juste au-dessus de nous. Le grenier était pourtant un espace trop petit pour s'y tenir debout.

Les douze personnes présentes ont très bien entendu les pas. Nous étions tous conscients qu'il se passait quelque chose d'anormal. Une heure plus tard, on rapatriait les appareils et on branchait les magnétophones sur l'amplificateur pour écouter attentivement le matériel audio enregistré. Nous

 « Mon Dieu, c'est papa ! Mon père est décédé il y a dix ans ! »

avons alors très bien perçu d'autres pas qui gravissaient l'escalier, et un sifflement d'homme se dirigeant vers une chambre ! L'enregistrement révélait également des bruits de déplacement de meubles au deuxième étage et des sons inusités au sous-sol.

Les propriétaires avaient entreposé un vieil orgue électrique dans cette pièce. J'avais pris soin de mettre l'orgue en marche, au cas où. Sur l'enregistrement, une voix semblait étrangement s'échapper des haut-parleurs de cet orgue. C'était la voix d'un homme qui soufflait: "J'aime la musique"... et quelques notes jouées ensuite. La propriétaire des lieux a alors lancé avec émotion : "Mon Dieu, c'est papa ! Mon père est décédé il y a dix ans ! C'est papa qui nous fait signe comme ça, c'était un joueur d'orgue et c'était son orgue à lui ! Et en plus, il sifflait souvent !"»

Des mots doux

Roger propose à la dame d'entrer en contact avec celui qui semble bel et bien être son père. Mais le contact s'établit mal et Roger ne se sent pas à l'aise. Il a l'impression que le canal ne fonctionne pas bien. «J'avais le sentiment que la difficulté venait de la présence de quelqu'un d'autre autour de moi. Je pressentais de la peur ou un malaise de la part

 «Nous avons entendu une nouvelle fois des pas précipités dans l'escalier et le cri d'une femme.»

de cette autre entité, féminine celle-là. Cette femme me semblait embarrassée, mais je ne réussissais pas à en savoir plus... De son côté, l'entité masculine nous confirmait son mécontentement. Il n'appréciait pas la présence de cette personne qui le freinait dans ses gestes. Nous ne réussissions pas à savoir qui ce pouvait être. Était-ce la mère de la propriétaire ? Celle-ci se posait la question.

Tout à coup, nous avons entendu une nouvelle fois des pas précipités dans l'escalier et le cri d'une femme. C'était tellement clair. Fulgurant ! Et là, ce n'était pas sur un enregistrement amplifié, c'était en direct, et clairement perceptible. Était-ce une manifestation de la frustration de cette femme face à cette entité masculine ? Ça ressemblait à une petite chicane de couple, finalement ! Comme ces présences spectrales faisaient partie de la famille et n'avaient rien d'agressif envers les occupants actuels, ceux-ci ont décidé de ne pas leur demander de quitter les lieux. Or, par la suite, nous avons appris qu'avec le temps les manifestations avaient diminué de beaucoup mais ne s'étaient pas éclipsées totalement, au grand bonheur de tous.»

L'inexplicable

 « D'autres manifestations ont parfois des causes purement naturelles, amplifiées par la peur ou par l'interprétation d'une personne inexpérimentée. »

Puisqu'ils travaillent depuis plusieurs années sur le terrain à la recherche de phénomènes mystérieux, Roger Mainville et son équipe ont été et sont encore confrontés à des cas parfois inquiétants, voire extrêmes. Ils doivent toujours être très prudents. Chaque fois, Paracontacts fait attention de bien évaluer la situation dans le but d'écarter les cas non liés à des manifestations paranormales et qui ne seraient pas de leur compétence. Roger conclut ainsi à ce sujet.

«Le décryptage des indices nous révèle parfois que des personnes se croient faussement victimes de hantise alors qu'elles souffrent peut-être de problèmes psychologiques. Nous ne pouvons pas aider ces gens-là autrement qu'en leur recommandant de consulter les spécialistes concernés. D'autres manifestations ont parfois des causes purement naturelles, amplifiées par la peur ou par l'interprétation d'une personne inexpérimentée.

 «Imaginez si on décidait de divulguer au grand jour les cas de possession!»

Au fil du temps, par contre, nous avons aussi fait face à de véritables phénomènes paranormaux qui constituent des cas extrêmes, complexes, inexplicables pour le commun des mortels, même pour la science et l'Église. Même si nous sommes au XXIe siècle, le paranormal est encore truffé de zones grises inexplorées où certaines énigmes demeurent impénétrables. C'est notamment le cas des phénomènes de possession, plus cachés, plus tabous et plus sombres mais qui existent depuis très longtemps et ne sont pas près de s'arrêter. Il est encore difficile de parler de fantômes ouvertement car cela fait réagir promptement les plus sceptiques des sceptiques, alors imaginez si on décidait de divulguer au grand jour les cas de possession!

Il y a encore tant de choses à explorer dans ces domaines où tout reste à découvrir et à expliquer. Souhaitons que l'avenir nous permettra d'y parvenir en toute clarté, et ce, malgré la méfiance et l'incrédulité farouche des sceptiques.»

Un être mort peut-il encore dégager de l'énergie?

«C'est faux de croire qu'un être mort, donc une entité, ne dégage pas d'énergie, considère Roger Mainville. Ce sont des théories scientifiques que je respecte mais je pense qu'il faut aussi s'ouvrir à d'autres hypothèses. Selon les observations accumulées au fil des ans, nous savons que nous pouvons capter des voix, que nous pouvons établir des contacts avec de telles présences, au moment où nos appareils présentent des fluctuations électromagnétiques.

Quand ces fluctuations se produisent, on dirait que les entités utilisent certaines formes d'énergie ambiante pour concrétiser leur voix ou leur apparition. Elles absorbent toutes les formes d'énergie possibles pour pouvoir se manifester, et

les champs électromagnétiques dégagés par certains appareils dans la maison semblent être une forme d'énergie privilégiée pour mieux alimenter leurs manifestations.

Même chose pour les caméras infrarouges qui captent des images de silhouettes susceptibles d'être une entité. D'ailleurs, nous avons une vidéo en infrarouge montrant la silhouette d'un homme souriant sorti de nulle part, qui quitte la pièce vide en traversant un mur de la maison abandonnée. Nous pouvons prouver que le film n'est pas truqué. Comment expliquer rationnellement cette manifestation subite? Quelle était cette forme d'énergie mobile et souriante?

Scientifiquement parlant, notre corps, notre cerveau, notre cœur et nos cellules dégagent un champ électromagnétique d'une puissance de 0,0001 µT pour le cœur, et de 0,00000015 µT pour le cerveau. Une fois que nous sommes morts, pourquoi toute cette énergie mourrait-elle également? C'est de l'énergie. L'énergie ne meurt jamais. Si j'éteins la lumière au plafond, il n'y a peut-être plus d'électricité, de lumière comme telle, mais si je touche à l'ampoule, je vais me brûler, car elle est encore pleine d'énergie, de chaleur. Si vous fermez le circuit électrique central d'une maison, vous allez encore avoir une présence de champs électromagnétiques. Il subsiste toujours une certaine forme d'énergie résiduelle qui existe au-delà de l'énergie habituelle dégagée par le sol.

Pour le corps humain, je pense que c'est la même chose. L'énergie du corps qui alimentait nos organes se transforme, mais existe encore, autrement. C'est ce phénomène qu'on n'est pas encore capable d'expliquer, qu'on n'a pas encore pu prouver hors de tout doute. Mais cela ne veut surtout pas dire que ce soit impossible. On ne pourra jamais expliquer de façon rationnelle quelque chose qui touche clairement à l'irrationnel!»

Les champs
électromagnétiques

Président et représentant technique de Néo Technologie inc.[8] à Montréal, Bernard Caron est l'un des
principaux fournisseurs d'outils de travail de l'équipe
de Paracontacts. À la demande du fondateur de Paracontacts, Roger Mainville, monsieur Caron a conçu un
détecteur spécial de variations de champs électromagnétiques plus sophistiqué que la plupart des appareils
du même type. Le technicien nous explique d'abord ce
qu'est un champ électromagnétique.

«Les champs électromagnétiques sont des sources
d'énergie qui se développent autour d'un conducteur,
par exemple un fil, à travers lequel passe un courant al-
ternatif qui rayonne à une certaine distance, toujours autour de ce conducteur. Les réseaux électriques, les prises

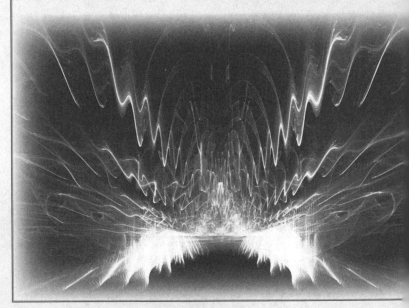

de courant, les appareils électriques comme un ventilateur, un grille-pain, un réfrigérateur ou même un alternateur d'auto peuvent émettre des champs électromagnétiques s'ils sont en fonction. Ils n'en émettent pas s'ils sont éteints. Dans une maison, il peut y avoir beaucoup de champs électromagnétiques différents.»

Le DTECK2

Les mesures de champs électromagnétiques se font principalement en deux types d'unités: les milligauss (mG) ou les microteslas (µT);
1 mG équivaut à 10 µT. Une entrée électrique de maison peut émettre de 100 à 300 µT alors qu'un grille-pain émettra environ 0,4 µT.

Un détecteur de champs électromagnétiques standard peut détecter jusqu'à 200 µT. Celui que monsieur Caron a conçu en 2010 pour l'équipe de Paracontacts peut toutefois détecter jusqu'à 10000 mG ou 1000 µT (l'appareil fait la lecture dans l'une ou l'autre échelle), sur une bande de fréquences plus large que la plupart des appareils courants, soit de 10 Hz à 1000 Hz. Le DTECK2 permet aussi d'éteindre au besoin l'affichage lumineux et comporte un signal sonore qui varie selon le niveau de détection. Ce détecteur a également une fonction de mémoire qui permet de conserver la lecture de détection la plus élevée, et sa portée de détection (jusqu'à 3 m) est plus grande que celle d'appareils similaires.

M. Caron explique : «Les chasseurs de fantômes utilisent un détecteur de champs électromagnétiques pour balayer les différentes pièces et les murs d'une maison dans le but de capter la présence de champs électromagnétiques. Ensuite, ils ferment les lumières ainsi que tout appareil pouvant émettre ce type d'énergie. Ils balaient à nouveau les mêmes pièces afin de capter des champs non émis par ce type d'appareils électriques et qui, selon eux, pourraient être associés à la présence d'entités. Le transformateur d'entrée d'un immeuble peut émettre une fluctuation de champs électromagnétiques de quelque 300 µT.

Selon ce que Roger Mainville m'a raconté, ce sont plutôt les hausses subites et les variations du champ magnétique que son équipe surveille.»

D'autres applications

«Je ne peux pas vous dire si je crois aux fantômes. Mais à écouter Roger en parler, à voir tout le travail qu'il fait et les résultats qui en découlent, je pourrais vous dire que j'ai moins de préjugés sur le sujet qu'avant et que ça suscite des questions chez moi. Disons que je n'ai aucune bonne raison de ne pas y croire !

Je tiens à préciser que mon implication dans le domaine s'arrête à la production des appareils que Paracontacts me demande et que je ne participe pas aux recherches. D'ailleurs, le DTECK2 s'avère tout aussi idéal pour les gens qui désirent vérifier le niveau de champs électromagnétiques des pièces de leur maison ou du site d'une future demeure à construire. Un réseau électrique mal conçu dans certaines vieilles demeures ou le sol de certains terrains peuvent émettre des amplifications de champs électromagnétiques dommageables pour la santé et causer notamment des maux de tête ou même des nausées...

Selon Roger, un enfant qui dort chaque nuit dans un milieu contaminé par ces champs peut souvent en venir à souffrir d'insomnie. Par ailleurs, la configuration du réseau électrique, des murs et du lit peut créer une amplification des champs nocifs et donner un résultat insoupçonnable. Mieux vaut ainsi prévenir!»

La Société de recherches paranormales de Québec (SRPQ) DES FILLES À LA CHASSE AUX FANTÔMES

Lieu : des maisons privées et la Seigneurie des Aulnaies, en Chaudière-Appalaches
Phénomènes : présences, bruits, réaction des détecteurs, souffles et quelques mots
Témoin et enquêteur : Catherine Geraghty, Katy Talbot et l'équipe de la SRPQ

« J'avais l'impression étonnante d'avoir un visage tout près de moi, à quelques centimètres du mien, mais un visage que je ne voyais pas ! »
Catherine Geraghty

Il existe peu de filles chasseuses de fantômes, mais quelques-unes se démarquent. Catherine Geraghty en est une. La jeune femme dans la trentaine a toujours été fascinée par tout ce qui est inexpliqué et irrésolu. Les fantômes font partie de cette soif de savoir : sont-ils bien vrais ? Plus encore, l'intrépide demoiselle est prête à tout pour en découvrir le plus possible sur l'interaction des spectres avec notre

Catherine Geraghty et Katy Talbot, fondatrices de la SRPQ.

monde. «Du plus loin que je me souvienne, j'ai toujours cherché à saisir le comment du pourquoi. Je rêvais d'être biochimiste pour comprendre entre autres pourquoi un enfant peut naître avec certaines déformations, certaines différences. Je voulais comprendre ce qui se passe au niveau chimique et peut-être même y trouver une solution! Mais des contraintes de la vie m'ont empêchée de poursuivre dans cette voie. Par contre, le désir de comprendre, lui, ne s'est jamais atténué. Et comme tout ce qui touche le paranormal m'a toujours fascinée également, j'ai décidé de me concentrer dans ce domaine.

J'avais vécu certaines situations plutôt bizarres dans ma jeunesse, et mes recherches allaient peut-être m'aider à éclaircir ces expériences irrésolues. Vers l'âge de 7 ou 8 ans, j'avais vu deux ombres sombres dans ma chambre et il était clair que personne d'autre dans cette pièce n'avait pu générer ces formes furtives. Ce n'était pas normal, je le savais bien malgré mon jeune âge. Par ailleurs, je n'avais pas été traumatisée par la chose et, même si j'avais eu un peu peur, je ne m'étais pas sentie menacée. Au contraire, cela m'avait même fascinée. Je n'en avais dit mot, laissant plutôt cette histoire en suspens dans ma mémoire. Les années ont passé. Je me plongeais avec passion dans tout ce qui était lié aux phénomènes paranormaux. Par curiosité, par intérêt,

 «La peur est une forme d'énergie négative. Certains croient que celle-ci peut encourager les entités à accroître la nôtre. Il n'est pas question pour moi d'avoir peur. Je ne veux même pas leur donner cette possibilité-là pour qu'elles se nourrissent de mon énergie. Quand j'essaie de prendre contact avec elles, je leur dis toujours: "Je n'ai pas peur de toi, je suis juste là pour te parler et savoir si tu es vraiment là." En ne laissant aucune emprise à la peur et en demeurant alerte et sûre de moi, je m'enveloppe d'une coquille de protection contre toute réaction menaçante de la part des entités.»

Voici l'équipe actuelle de la SRPQ. De gauche à droite :
Karine Cloutier, Raphaël Meroz Tremblay, Catherine Geraghty,
Katy Talbot, Sylvain Rancourt.

pour le plaisir d'en savoir plus et plus encore... jusqu'à ce
que l'idée d'enquêter sur le paranormal s'impose à moi, à
l'âge de 30 ans. »

La fondation de la SRPQ

Après avoir passé une soirée ensemble à regarder l'émission
Chasseurs de fantômes, Catherine et son amie d'enfance,
Katy Talbot, s'avouent mutuellement qu'elles ont déjà vécu
des phénomènes paranormaux. Toutes deux passionnées
par ce sujet, elles décident d'emblée de faire équipe dans
le but de devenir officiellement chasseuses de fantômes.
En juin 2010, elles fondent la Société de recherches paranormales de Québec (SRPQ), pour essayer de démystifier
les phénomènes paranormaux ainsi que pour aider les gens
aux prises avec ces phénomènes. Très rapidement, les deux
nouvelles investigatrices sont sollicitées pour des enquêtes
fort intéressantes. Depuis ce temps, elles et une dizaine de
bénévoles, tous animés du même espoir d'éclaircir des faits
inusités, ont exploré bon nombre de lieux hantés.

L'enfant fantôme

Jusqu'à présent, les membres de la SRPQ ont déjà expérimenté plusieurs moments extraordinaires dans les demeures visitées. Catherine nous cite quelques-uns de ces cas. «En septembre 2010, nous avons notamment enquêté dans un appartement de Québec. La dame des lieux le pensait hanté par un enfant. Son conjoint déclarait avoir vu un bambin debout dans le salon alors que, cette fin de semaine-là, la dame avait confié ses enfants à leur père.

 «Qui es-tu? Est-ce que tu t'ennuies de tes parents?»

Autre fait troublant, une photo encadrée du fils de la dame tombait souvent du mur du salon où elle était accrochée. Plus bizarre encore, ce même garçon, en voulant un soir sortir de sa chambre, tentait en vain d'ouvrir la porte. Il se mit à hurler pour que sa mère lui vienne en aide, mais elle n'arrivait pas à ouvrir la porte non plus. Au bout d'une longue minute de panique, la porte s'est finalement ouverte sans effort. C'est là que la peur a envahi la mère. Elle craignait que l'entité, peut-être un enfant lui-même, n'apprécie pas la présence d'un autre jeune dans la maison et veuille lui faire du mal.»

La dame espère donc que la visite de membres de la SRPQ pourra l'aider à comprendre la situation. Un soir d'été vers les 20 h, Catherine et Katy se rendent chez elle accompagnées de deux collègues. La femme les attend fébrilement. L'équipe installe ses appareils de détection et son système de caméras infrarouges dans l'appartement, ce qui lui prend une quarantaine de minutes.

«Ensuite, nous avons éteint toutes les lumières pour nous déplacer vers la chambre du fils à l'aide de nos seules lampes de poche. Comme la dame semblait dire que ce pouvait être une jeune entité, on a tenté d'établir le contact dans

Les bons outils des chasseurs de fantômes

Dans ses investigations, l'équipe de la SRPQ utilise différents appareils pour mesurer et enregistrer de possibles activités paranormales :

- un caméscope avec vision de nuit, pour filmer les enquêteurs ;

- une caméra thermique, pour percevoir les présences dégageant une forme d'énergie thermique ;

- un thermomètre infrarouge, pour noter les changements de température dans la pièce ;

- un appareil photo, pour fixer des images des lieux et éventuellement une présence visible ;

- un système de surveillance par caméra infrarouge, pour filmer aussi en direct tout mouvement éventuel ;

- divers magnétophones numériques, pour enregistrer les sons, soupirs ou voix des entités ;

- un détecteur de champs électromagnétiques (KII Meter), pour mesurer des fréquences allant de 30 à 20000 Hertz ;

- des radios à ondes courtes, pour la communication entre les membres enquêteurs ;

- un ordinateur portable, pour répertorier les données.

Karine Cloutier et Catherine Geraghty prenant des mesures
avec leurs appareils de détection.

 «À ma question plusieurs fois répétée: "Veux-tu qu'on
t'aide?" On a finalement entendu un "oui"!»

ce sens avec lui. On lui demandait: "Qui es-tu? Est-ce que
tu t'ennuies de tes parents? Sais-tu où ils sont? Veux-tu
qu'on t'aide à aller les rejoindre dans la lumière? Ils sont
sûrement là et ils seraient heureux de te retrouver." On se
disait qu'en touchant ainsi ses cordes sensibles, on risquait
de le faire réagir. Et ça a fonctionné! À ma question plusieurs fois répétée: "Veux-tu qu'on t'aide?" On a finalement entendu un "oui"![9]»

Un grognement

À vrai dire, c'est plutôt à l'écoute ultérieure de l'enregistrement que Catherine aura l'ultime conviction d'entendre
cette réponse affirmative. «Quelques jours plus tard, Katy
m'a fait entendre cet extrait très convaincant. Pour nous, il
n'y avait plus de doute. Ce dont on avait eu conscience, ce
quelque chose de curieux dans la pièce était bien réel. Et on

n'est pas des médiums. On a vraiment deviné une sensation de présence et établi un véritable contact avec cette entité. Je lui ai aussi demandé : "Est-ce que tu voudrais essayer de nous démontrer ta présence en tentant de faire baisser la température de la pièce ?" Je savais que notre thermomètre serait une bonne preuve si l'entité parvenait à le faire. Et notre thermomètre s'est aussitôt mis à afficher une baisse de température de un puis deux degrés.

 « Un fort dégagement d'électricité statique avait envahi la pièce... »

Mais plus fascinant encore, on a aussi eu l'impression que cet être invisible avait tellement concentré d'énergie pour parvenir à nous faire signe qu'un fort dégagement d'électricité statique avait envahi la pièce comme lorsqu'on oublie de mettre de l'assouplissant pour les vêtements dans la sécheuse ! Cette électricité statique nous faisait carrément lever les poils des bras... C'était tellement étrange !

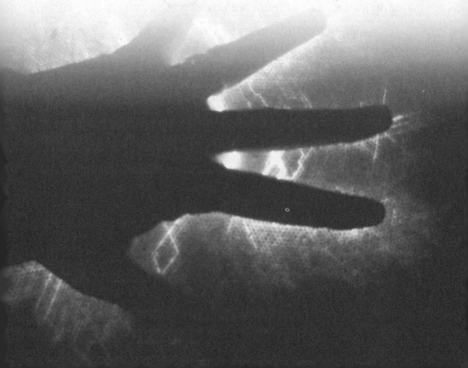

Dès qu'on sortait de la pièce, l'effet disparaissait. On a ensuite remercié l'entité de cette manifestation, pour qu'elle sache qu'on voulait établir un rapport pacifique avec elle. Mais, chose étrange, on ressentait aussi une autre présence un peu moins agréable que celle du petit enfant.

Une autre entité tentait-elle de faire taire l'enfant afin qu'il ne communique pas avec nous? À un moment donné, on a même entendu un effarant grognement, si fort que je me suis retournée pour demander à mon collègue Sylvain s'il en était l'auteur. Par la suite, il n'y a eu aucune autre manifestation de cette entité-là. Nous n'avons malheureusement pas pu en savoir plus à son sujet.»

La paix s'installe

Quelques semaines après leur enquête, Catherine et Katy retournent voir la dame de l'appartement afin de lui livrer leur constat. Elle les accueille avec gentillesse. Elle écoute les enregistrements et leur conclusion avec beaucoup d'intérêt.

Elle leur fait ensuite part de sa satisfaction car depuis leur intervention, à son grand soulagement, tout semble être rentré dans l'ordre dans son appartement. Les deux entités

«Si un enfant fantôme se croit responsable de certains drames passés, il peut errer de peur de subir un jugement sévère du divin.»

Karine Cloutier et Sylvain Rancourt testent les lieux avec des détecteurs de champs électromagnétiques.

auraient-elles trouvé le chemin de la lumière ensemble? Les deux enquêteurs ne peuvent l'affirmer sans l'ombre d'un doute mais, depuis, aucun autre phénomène ne s'est produit sur les lieux et la dame semble avoir retrouvé la tranquillité d'esprit. Quant à Catherine, elle s'explique ce qui a pu se passer dans ces mots. «Si l'on accepte que certaines entités se languissent parmi nous et ne se dirigent pas vers la lumière, c'est peut-être parce qu'elles craignent d'être jugées pour des actes commis du temps de leur vivant.

Si un enfant se croit responsable de certains drames passés, il peut errer lui aussi de peur de subir un jugement sévère du divin. J'essaie donc de faire comprendre à ces fantômes qu'ils sont les seuls juges de leurs gestes et qu'ils ne seront jugés par personne d'autre dans l'au-delà. Ça semble les rassurer car souvent, après notre passage dans une maison dite hantée où l'on a fait preuve de bienveillance à l'égard de ces entités, les manifestations s'apaisent et disparaissent.»

Cramponné à ce monde

Catherine nous fait part d'une autre enquête effectuée cette fois dans une grande résidence ancestrale de Saint-Pascal-de-Kamouraska. La propriétaire des lieux a cru voir des ombres et a entendu des bruits dont elle ignore la provenance. Elle n'a pas peur de ces phénomènes et est plutôt curieuse de savoir si la SRPQ pourrait les capter. Ce serait pour elle une confirmation. Elle est bien consciente que l'imagination peut parfois nous jouer de vilains tours.

 «Tout à coup, on a entendu clairement sur l'enregistrement une voix d'homme murmurer "Léa..." dans un long souffle...»

«Nous étions six sur place. C'était au cœur du mois de juillet. Nous avions installé des magnétophones dans différentes pièces. Au moment de notre visite, un bébé dormait à poings fermés dans une chambre où nous avons aussi pris soin de déposer un magnétophone. Les jours suivants, en

écoutant les enregistrements pour voir si on avait capté ou non quelque chose de particulier, ce qu'on a entendu nous a bien surpris! Certains froissements nous permettaient entre autres de déduire d'abord que l'enfant endormi semblait plutôt nerveux, agité. Puis, tout à coup, on a entendu clairement sur l'enregistrement une voix d'homme murmurer "Léa..." dans un long souffle...

Imaginez notre surprise d'apprendre par la suite que l'enfant de neuf mois couchée dans le berceau s'appelait bien Léa!

Et plus intrigant encore, dès que son nom a été prononcé, l'enfant s'est aussitôt apaisée et a cessé de remuer. Comme si elle avait entendu cet appel. Comme si cela lui faisait du bien. Il ne faut pas oublier que les enfants sont reconnus pour être plus réceptifs que nous aux manifestations de l'au-delà. Imaginez quand nous avons fait entendre cela à la mère de la petite. Nous ne savions pas comment elle allait réagir. Ça a été tellement émouvant! Bouleversée, la jeune femme s'est mise à pleurer en nous disant combien elle se sentait attendrie d'apprendre que quelqu'un de l'au-delà veillait sur son enfant. C'était tout simplement rassurant pour elle! Elle nous a remerciés. Elle n'en espérait pas plus pour être réconfortée.»

 «Je me souviens d'un autre cas de réponse sonore bien intrigant à Lévis. Sur place, Karine, une de nos investigatrices, a demandé à la possible entité si elle désirait quitter les lieux. Instantanément, nous avons tous perçu un son étrange, impossible à identifier sur le moment. Toutefois, à l'écoute de l'enregistrement, nous sommes tous demeurés estomaqués d'entendre bien clairement un "non" catégorique! Comme la dame des lieux avait dit voir des ombres et entendre des bruits qu'elle ne pouvait s'expliquer, cela lui a permis de confirmer ses impressions et de satisfaire sa curiosité. À partir de là, elle a pu accepter cette présence non menaçante qui souhaitait rester auprès d'elle.»

Ces voix étranges

Les membres de la SRPQ, comme bien d'autres chasseurs de fantômes, travaillent fidèlement avec des magnétophones, outils de travail indispensables pour le genre d'intervention qu'ils réalisent. Voici quelques explications sur le phénomène des voix électroniques (PVE) autrefois appelé «voix des morts».

Vers le milieu du XXe siècle, différentes personnes dont le photographe et médium américain Attila von Szalay, le peintre et archéologue suédois Friedrich Jürgenson et le psychologue letton Konstantin Raudive s'intéressent à ce phénomène. En juin 1959 par exemple, Friedrich Jürgenson écoute par hasard à l'envers un enregistrement de chants d'oiseaux et il s'étonne d'entendre quelques faibles mots en norvégien qui parlent des oiseaux nocturnes.

Catherine et Kathy écoutent un enregistrement capté sur un lieu d'enquête.

D'abord sceptique, ne voulant pas tirer des conclusions trop hâtives, l'homme juge important de faire d'autres tentatives du genre. À sa grande surprise, il entend une autre voix sur un enregistrement différent, écouté de la même façon. Une voix bien connue... la voix de sa mère! Le hic, c'est que sa mère est morte depuis des années! Et cet enregistrement est, lui, bien récent. Le mystère perdure.

Illustrateur de littérature fantastique passionné de paranormal et partenaire de von Szalay, Raymond Bayless serait, quant à lui, celui qui aurait inventé le terme *electronic voice phenomena* ou EVP.

Catherine nous explique. «En fait, le phénomène des voix électroniques concerne des messages de provenance inconnue enregistrés par un appareil audio ou vidéo. Il arrive même qu'un téléviseur ou une radio capte ce type de manifestation sonore. Ce n'est habituellement qu'un seul mot ou une courte expression. Le signal capté est souvent très faible et nécessite une forte amplification pour arriver à l'entendre et à l'interpréter.

Les appareils électroniques semblent particulièrement sensibles aux manifestations paranormales. C'est pourquoi les enquêteurs comme nous se servent de ces appareils au cours de leurs interventions pour localiser ou détecter des réponses non perceptibles autrement. Pourquoi n'entendons-nous pas ces voix sur place et comment font-elles alors pour se retrouver sur les enregistrements? D'abord, je tiens à préciser qu'il est faux de dire que nous n'entendons pas ces voix; il arrive que nous les entendions en direct pendant une enquête. Sur le coup, nous ne comprenons pas toujours la réponse obtenue, car elle est souvent très brève. C'est en écoutant attentivement l'enregistrement que nous pouvons confirmer l'existence de la réponse de l'entité. Une théorie

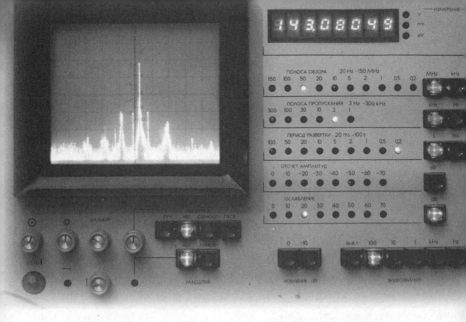

affirme que ces voix seraient une pure fabrication du système d'enregistrement qui, pendant la séance, convertirait le signal analogique en informations numériques sonores. Les données enregistrées seraient composées de bruits (*white noise*) formés à même les composantes électroniques du dispositif d'enregistrement. C'est une théorie...

Une autre prétend que les esprits pourraient canaliser l'énergie autour d'eux afin de former cette réponse courte mais audible sur le magnétophone en manipulant différents niveaux d'énergie ou de champs électromagnétiques. Cette théorie-ci semble la plus plausible à la SRPQ. Comment les esprits arrivent-ils à faire ça? Ça, par contre, ce n'est toujours pas résolu! C'est pourquoi il faut demeurer vigilant dans l'espoir de trouver une réponse incontestable. Malheureusement, comme dans tout domaine, il y a des imposteurs. Et il n'est pas rare de tomber sur des gens qui trafiquent les PVE pour épater la galerie par les effets sensationnalistes de leur enregistrement. »

Mystère à la Seigneuries des Aulnaies

La Seigneurie des Aulnaies, à Saint-Roch-des-Aulnaies en Chaudière-Appalaches, est un site enveloppé de mystère. Catherine, Katy et leur équipe ont eu la chance de se rendre sur place pour y enquêter. Il est vrai que les lieux sont très inspirants tant pour les historiens que pour les chasseurs de fantômes...

L'histoire de la Seigneurie des Aulnaies remonte à 1656 alors que le vaste domaine lové sur une terre au bord du fleuve Saint-Laurent en face de l'Île-aux-Coudres est concédé à un certain Nicolas Juchereau, sieur de Saint-Denis. Quelque 150 ans plus tard, près de 2 600 colons s'activent sur cette imposante seigneurie aux terres fertiles.

La Seigneurie des Aulnaies, théâtre de manifestations inexpliquées.

Au début des années 1970, le manoir est laissé à l'abandon.

On y érige un premier moulin à farine en 1739 et, en 1853, le seigneur Amable Dionne y greffe un superbe manoir victorien comme résidence permanente. Dans les années qui suivent, Paschal-Amable, le fils Dionne, supervise l'aménagement majestueux des jardins floraux des lieux.

De sa fondation en 1656 jusqu'en 1854, année de l'abolition du régime seigneurial, la Seigneurie des Aulnaies palpite et vibre de la présence d'agriculteurs, de pêcheurs, de meuniers, de marchands et de notables. Entre 1854 et 1963, le site demeure la propriété de la famille Dionne, puis celle des Miville-Deschênes. Le manoir est vendu en 1963 au ministère du Tourisme, mais est laissé à l'abandon pendant quelques années.

Puis, en 1974 et 1975, la municipalité de Saint-Roch-des-Aulnaies acquiert le fabuleux domaine avec son moulin, son manoir et ses dépendances, aujourd'hui classés monuments historiques. Depuis ce temps, c'est la Corporation touristique de la Seigneurie des Aulnaies, un organisme à but non lucratif, qui gère le site historique. Nombreux sont les visiteurs qui ont arpenté les sentiers et les bâtiments de cette vaste propriété, transformée en site d'interprétation de la vie seigneuriale. L'histoire de la Seigneurie des Aulnaies regorge de captivants faits d'histoire. Mais cette

Une guide a remarqué que le lit d'une des salles d'exposition est souvent marqué d'une empreinte insolite.

seigneurie cache peut-être plus encore... Certains parlent de présences de l'au-delà... d'autres, de phénomènes inexpliqués... Des employés prétendent y avoir vécu des moments troublants, bien que jamais menaçants.

Une guide a remarqué que le lit d'une des salles d'exposition est souvent marqué d'une empreinte insolite, laissant croire que quelqu'un s'y serait assis. Cela se produit si régulièrement qu'elle doit souvent lisser les draps pour replacer le tout.

Réjean, le meunier du moulin artisanal, se souvient d'un phénomène dont il a été témoin. Il nous le raconte. «J'étais avec le jardinier. Nous nous trouvions au sous-sol du manoir. Tous les deux en même temps, on a soudain entendu clairement le bruit d'une chaise glissée sur le plancher de l'étage supérieur comme si quelqu'un la traînait lourdement sur une quinzaine de mètres. Je me suis exclamé: "Hé, il y a quelqu'un dans le manoir en haut!" Lui aussi avait bien entendu et il était tout aussi étonné que moi. On est donc montés pour aller voir qui était là et on a été très surpris de constater qu'il n'y avait personne!

Le manoir de la Seigneurie des Aulnaies aujourd'hui.

Il y avait bien quelques chaises dans la pièce, mais je ne peux pas dire si une de celles-ci avait été déplacée, pourtant on demeure encore convaincus à ce jour qu'on a bien entendu du bruit alors qu'il n'y avait personne là. »

La SRPQ enquête

Dans le cadre d'une nouvelle exposition permanente et afin de faire un petit clin d'œil aux fantômes des lieux, la Seigneurie des Aulnaies propose une visite guidée menée par des personnages d'époque devenus «fantômes», qui nous entraînent au cœur de l'histoire de ce vieux manoir

Aujourd'hui, des guides en costumes d'époque évoquent la vie d'autrefois.

« Certains employés s'interrogeaient sur de drôles de manifestations ici ou là à la Seigneurie. »

et de ses autres bâtiments. Cela rappelle à Émilie, une des
membres de la SRPQ, qu'au cours d'une visite faite dans son
enfance elle avait ressenti que l'endroit semblait hanté. Elle
décide donc de communiquer avec la direction de la Seigneurie, et la SRPQ, toujours en quête de lieux potentiel-
lement propices aux phénomènes paranormaux, obtient le
feu vert pour une enquête nocturne en bonne et due forme.
Catherine nous raconte cette palpitante expédition.

« Quand la directrice de la Seigneurie des Aulnaies, madame
Chantale Lacoste, nous a confirmé qu'elle apprécierait bien
une enquête sur les lieux, on était emballés. Elle nous a
fait part du fait que certains employés s'interrogeaient sur
de drôles de manifestations ici ou là à la Seigneurie. Elle
espérait bien avoir des explications à propos de ces faits
étranges. L'équipe de la SRPQ est donc allée passer la nuit
sur place du 17 au 18 septembre 2010. Une enquêtrice d'un
soir nous accompagnait. »

Les équipes prédéterminées par les deux fondatrices avant le
début de l'enquête s'assurent que les déplace-
ments se font toujours en des secteurs
opposés du manoir afin d'éviter que
les bruits des uns interfèrent avec le
travail des autres. Comme il y a trois
étages au manoir, quand une équipe
est au dernier étage, l'autre va ratis-
ser le sous-sol, et vice-versa.

Une réponse

Catherine et deux de ses collègues explorent d'abord le
dernier étage du manoir, s'arrêtant dans une chambre de
bébé, puis dans une pièce qui expose des jouets anciens.
Catherine pose des questions aux possibles entités. Tout est
tranquille, rien ne semble suspect. Au grenier, l'enquêtrice

demande s'il y a déjà eu un incendie sur place. Elle répète sa question. Elle attend une réponse en silence. Le lendemain, sur l'enregistrement qu'ils écoutent avec attention au bureau de la SRPQ, un «oui» semble se profiler à la

Enquêteur d'un soir

La SRPQ invite les mordus du paranormal à prendre part à une enquête sur le terrain. Il faut avoir 18 ans et plus et démontrer un réel intérêt pour le sujet. Tout écart de conduite peut exclure le participant sur-le-champ.

suite de sa question. «Ce n'est cependant pas une réponse nette. De son côté, un membre de l'équipe présent dans une autre pièce a posé différentes questions à la volée. À une question à savoir si l'entité présente pouvait être le seigneur des lieux, un "non" catégorique a suivi. On l'entend très clairement sur l'enregistrement.»

Discuter avec une entité

Mais le moment le plus impressionnant de la visite de la SRPQ à la Seigneurie des Aulnaies demeure sans contredit celui où les participants ont échangé avec une entité au sous-sol, dans une salle de réception. Catherine se souvient de chaque minute de cet instant troublant. «À un certain moment alors que nous posions des questions, nous avons détecté une activité anormale dans le sous-sol de la Seigneurie.

«Là, devant nos yeux, le détecteur s'est activé à plusieurs reprises, en interaction avec nos questions.»

Par le passé, cette pièce isolée du manoir avait servi de prison intermédiaire pour les condamnés en attente d'un transfert aux lieux d'incarcération officiels de Québec ou

de Montréal. On a donc décidé d'y passer plus de temps pour vérifier cette activité électromagnétique. Très vite, au centre du sous-sol, on a assisté à une vive réaction du détecteur de champs électromagnétiques quand on s'est mis à

 « Ce que notre enquêtrice d'un soir vivait était si surprenant ! Elle parlait avec un esprit. »

poser des questions d'abord en français, puis en anglais (on se disait qu'il y avait peut-être eu des colons anglais emprisonnés ici).

Là, devant nos yeux, le détecteur s'est activé à plusieurs reprises en interaction avec nos questions. C'était extraordinaire ! La situation démontrait une évidente communication[10]. Le détecteur réagissait vraiment aux questions de notre enquêtrice d'un soir.

Ce que notre enquêtrice d'un soir vivait était si surprenant. Elle parlait avec un esprit! Ça a été un moment très intense pour elle et, parfois, elle posait trop rapidement les questions si bien que le détecteur s'emballait. On s'est dit que l'entité était peut-être aussi très excitée à l'idée de pouvoir enfin communiquer avec quelqu'un. On lui a demandé: "Est-ce que vous êtes une femme?" Le détecteur a réagi.

"Êtes-vous un homme?" Il n'a pas réagi. "Avez-vous été prisonnière ici?" Elle nous a répondu que oui. "Avez-vous été femme de chambre ici?" Elle nous a également répondu oui... Tout n'était donc pas clair, car les réponses se contredisaient parfois. Par contre, ce qui demeure évident pour nous, c'est que nous avons vécu une interaction exceptionnelle!»

Là, tout près, à quelques centimètres...

Le sentiment que les membres de l'équipe de la SRPQ partagent est tellement intense que l'une des enquêtrices se met à pleurer, submergée par l'intensité de ce moment. Ce qui se déroule sous leurs yeux est vraiment spécial... Ils sentent qu'il n'y a rien de menaçant ou de malin dans cette présence, qu'elle est probablement aussi contente qu'eux d'établir un contact, de vivre cet échange en direct. Puis Catherine fait une autre tentative. «J'ai demandé à cette présence de tenter de toucher l'un d'entre nous. Le détecteur de champs électromagnétiques a aussitôt cessé de s'activer. Je me suis dit qu'il fallait probablement que l'entité concentre son énergie pour se déplacer. Et soudain j'ai senti quelque chose s'approcher. C'était comme une petite brise fraîche.

 «Une présence spectrale s'était manifestée à nous durant ces quelques minutes cruciales.»

J'avais l'impression étonnante d'avoir un visage tout près de moi, à quelques centimètres seulement du mien, mais un visage que je ne voyais pas! Je me suis demandé si c'était mon imagination qui me jouait un tour. C'était une impression si vive que je ne pouvais pas la nier.»

Plus tard dans la nuit, le groupe quitte le sous-sol pour visiter d'autres pièces. Il ne se passe rien ailleurs. L'équipe retourne une dernière fois au sous-sol afin de faire une autre tentative. C'est le silence total.

Les fondatrices de la SRPQ se présentent à nouveau à la Seigneurie quelques semaines plus tard afin de présenter les données recueillies pendant l'enquête. Par la même occasion, elles refont une vérification avec le détecteur de champs électromagnétiques, mais celui-ci ne réagit plus du tout. Catherine semble cependant assez satisfaite de cet état de choses. «Cela nous a ainsi confirmé que ce que l'on avait perçu la fameuse nuit ne pouvait pas être un champ électromagnétique omniprésent, mais plutôt une présence spectrale qui s'était manifestée à nous durant ces quelques minutes cruciales.»

Depuis, l'équipe de la SRPQ conserve précieusement les souvenirs de cet événement hors du commun et de ses autres enquêtes. Elle en est bien fière et espère un jour déterminer une fois pour toutes, à l'aide de tests concluants et de preuves tangibles, l'existence claire, nette et précise d'âmes errantes dans notre monde terrestre. Tant qu'elle n'aura pas atteint son but, cette téméraire équipe d'investigateurs a bien l'intention de faire une chasse inlassable à ces mystérieux fantômes.

Le fruit de
notre imagination ?

E t si les êtres vivants ne créaient les fantômes que par la force de leur imagination ? Dans cette perspective, Catherine Geraghty, de la SRPQ, n'hésite pas à rappeler l'étonnante expérience de Philip le fantôme.

En 1973, huit personnes plutôt sceptiques qui travaillent et étudient dans un centre de recherches psychiques de Toronto décident de se créer un fantôme de toutes pièces pour voir si celui-ci viendra les visiter un jour, mais surtout mettre à l'épreuve les théories sur les manifestations paranormales.

Trois hommes chapeautent ce projet : le révérend Lindsay King, le psychologue Joel Wetton et le mathématicien et généticien George Owen, directeur de la Société de recherches psychiques de Toronto. Le premier fantôme créé en laboratoire est baptisé Philip. On

*Voici l'équipe de recherche complète de l'expérience « Phillip ».
De gauche à droite : Iris Owen, Sidney Korman, Bernice Mandryk,
Al Peacock, Sue Sparrow, Dorothy O'Donnell, Andy Henwood
et Lorne Henwood.*

lui invente une histoire de vie, une famille, et on décide qu'il a connu une mort tragique par suicide. Philip porte le nom de famille d'Ayelsford. C'est un aristocrate anglais qui a vécu au XVIIe siècle et qui était fou amoureux d'une gitane brûlée au bûcher pour cause de sorcellerie. Par amour pour sa belle, ledit Philip s'est finalement jeté du haut des remparts de la ville.

Chaque mois pendant un an, le groupe d'expérimentateurs se réunit et invoque Philip. Tous se demandent si Philip n'en viendra pas à se matérialiser. Or, presqu'un an plus tard, un soir, le fameux fantôme Philip se manifeste dans toute sa splendeur! Les participants ont la sensation que la table qu'ils utilisent pour recevoir les réponses se met à bouger; celle-ci défile les données fictives inventées sur Philip comme si ce dernier avait vraiment existé. Les participants ont même l'impression de grattements et de coups donnés sous la table. Y a-t-il un véritable fantôme dans la pièce?

Le groupe de recherche en vient plutôt aux conclusions suivantes. Soit que ce fut une hallucination collective générée par l'énergie en symbiose du groupe, soit que l'énergie combinée de leurs pensées a provoqué les mouvements de cette table. Par la seule force de sa pensée, l'être humain aurait-il la capacité de s'imaginer la présence d'une entité s'il a une confiance inébranlable que cet esprit va finalement se manifester? Le facteur émotif pourrait-il engendrer des manifestations qui, finalement, ne seraient que créées de toutes pièces dans la tête des gens? Tous les phénomènes paranormaux trouveraient-ils leurs origines au cœur de l'esprit des êtres vivants, plutôt que dans l'existence d'esprits dans l'au-delà? Le fantôme Philip a quant à lui suscité bien des controverses dans le milieu[11]...

BEPP

Le Bureau d'enquêtes en phénomènes paranormaux (BEPP)
À L'ÉCOUTE DE L'AU-DELÀ

———

Lieux : dans la région montréalaise et les environs
Phénomènes : objets qui bougent, étranges lumières,
bruits de pas, brises soudaines, champs
électromagnétiques, contacts physiques, etc.
Témoins et enquêteurs : Sylvain Lavoie, fondateur,
et Sylvain Bolduc, médium

———

« Je sentais une urgence de tout comprendre.
J'allais peut-être mourir bientôt
et le BEPP me donnait une raison de rester en vie... »
Sylvain Lavoie

Comme tout bon groupe de chasseurs de fantômes, le Bureau d'enquêtes en phénomènes paranormaux (BEPP) s'est
donné pour mission d'enquêter et de tenter de démystifier
des cas de phénomènes paranormaux. Fondé en janvier 2009
par Sylvain Lavoie, le BEPP regroupe principalement des
membres[12] ayant déjà été témoins de telles manifestations.
En 2010, l'arrivée cruciale du médium Sylvain Bolduc va
apporter un éclairage capital sur les conclusions des enquêtes

Sylvain Lavoie et Sylvain Bolduc.

menées. Grâce à ses dons spirites, l'équipe d'enquêteurs jouit maintenant du privilège de s'imprégner de l'histoire des entités errant dans les lieux visités, d'entrer plus aisément en communication avec elles et, si nécessaire, de procéder à leur «libération». Avec ces deux passionnés du paranormal à la barre du BEPP, les enquêtes sont menées de main de maître. Découvrons les coulisses de la vie des têtes de proue du BEPP et leurs enquêtes les plus éloquentes.

Une jeunesse prémonitoire

D'aussi loin qu'il se souvienne, Sylvain Lavoie a toujours été fasciné par le paranormal. À l'adolescence, il commence à avoir de troublantes prémonitions, qui se font de plus en plus fréquentes. Par exemple, un soir où il fait du jogging avec un copain, il lui vient soudain en tête la mort du père d'un des scouts de sa troupe.

 «Ces prémonitions ont probablement été à l'origine de ma passion pour le paranormal. »

Il ne connaît pourtant que très peu ce scout qu'il ne côtoie qu'une fois par semaine. Et encore moins son père. Pourtant, l'homme quittera bien ce monde les jours suivants. Un autre jour, juste avant de sortir de la maison, Sylvain demande à sa mère de saluer sa grand-mère de sa part si jamais elle appelle. La dame vit au loin et appelle bien peu souvent. Quelques minutes plus tard, la grand-maman de Sylvain donne un coup de fil. Chaque fois que cela se produit, la mère de Sylvain est déroutée par cette faculté de son fils et ne sait qu'en faire. Pourtant, pour le jeune adolescent, ce ne sera que le début d'une longue aventure dans le monde du paranormal. Sylvain nous parle de ses premiers pas dans cet univers impalpable.

«Ces prémonitions ont probablement été à l'origine de ma passion pour le paranormal. À l'époque, comme tous les adolescents, j'ai décidé d'essayer le Ouija.

Mais les résultats ont été beaucoup plus inquiétants que ce à quoi je m'attendais. J'ai même eu la sensation d'être enfermé dans une pièce. J'ai vraiment eu la peur de ma vie! La première, en tout cas! Je n'avais alors que 17 ans. J'avais organisé une séance avec mon amie Louise (*nom fictif*), sa mère et sa tante. Nous avions pris ça très au sérieux. Nous avions allumé des chandelles d'ambiance, fermé les lumières et nous nous tenions par la main. Le moment était très intense.

 « Mon amie a eu une incontrôlable bouffée de peur et s'est mise à trembler comme une feuille. »

Mon amie espérait entrer en contact avec un cousin décédé. J'ai fermé les yeux et appelé le cousin à quelques reprises. Tout est devenu blanc autour de moi, comme dans le cas de mes prémonitions. Alors que je perdais le fil de ce qui se passait, les trois femmes m'écoutaient leur raconter la mort du cousin et des détails au sujet de celui-ci qui m'étaient totalement inconnus. À un moment donné, Louise m'a demandé si elle pouvait lui parler. Je lui ai dit qu'il était d'accord et présent parmi nous.

Mais là, mon amie a eu une incontrôlable bouffée de peur et s'est mise à trembler comme une feuille. Était-il entré en elle? C'était très inquiétant. Nous nous étions tous lâché les mains et je suis revenu à moi. Mon amie ne se sentait pas bien. J'ai donc fait des signes de croix sur son front en espérant la libérer. Mais elle criait: "Il ne veut pas s'en aller, il ne veut pas s'en aller." Puis, tout s'est arrêté aussi vite et elle a confirmé qu'elle ne ressentait plus rien dans la pièce. Plutôt ébranlés, nous nous sommes changé les idées en jouant aux cartes pour finir la soirée. Au moment de quitter les lieux, j'ai posé la main sur la clenche de la porte – c'était une porte à l'ancienne –, mais celle-ci ne voulait pas s'ouvrir.

La clenche semblait bloquée. Rien à faire. C'est mon amie qui a dû m'ouvrir la porte, bien aisément d'ailleurs, alors que moi je n'y arrivais toujours pas. J'étais si inquiet que j'ai insisté pour qu'elle m'accompagne dans l'ascenseur et ensuite jusqu'à ma voiture. Que s'était-il passé? Je n'ai pas retouché au paranormal pendant quelque temps…»

Un signe de son père

Le père de Sylvain Lavoie meurt à quelques jours de l'anniversaire des 18 ans de son fils. Quelques années auparavant,

 «À sa mort, j'ai décidé de glisser le dizainier dans son cercueil.»

Sylvain avait reçu un dizainier[13] chez les Scouts. Son père lui avait fait promettre d'en prendre grand soin et de toujours le garder sur lui. Sylvain nous en parle. «Pourtant, mon père n'était pas un homme pieux. Mais pour lui, cet objet semblait précieux. Il voulait que j'y fasse attention. À sa mort, j'ai décidé de glisser le dizainier dans son cercueil en lui soufflant : "Maintenant, c'est toi qui en a besoin." Puis on a fermé le cercueil.

Quelques mois plus tard, j'ai été nommé chef scout. J'avais donc à nouveau besoin d'un dizainier. Le soir même, un copain s'est amené chez moi sous prétexte qu'il avait quelque chose pour moi. Il m'avait sculpté un petit dizainier en bois. En me le tendant, il a ajouté : "Je ne sais vraiment pas pourquoi, mais soudain j'ai eu envie de te faire ça... Voici." Je demeure encore convaincu que c'est le moyen que mon père a trouvé pour me retourner le dizainier déposé dans son cercueil. J'étais très touché.»

La télé allumée se referme brusquement. Ils se regardent tous deux, les larmes aux yeux.

Les années suivantes, le père de Sylvain va lui faire signe de multiples façons. Sylvain va un jour le saluer au cimetière où il est enterré, dans le Bas-du-Fleuve. De retour chez sa grand-mère, celle-ci lui confie qu'elle a l'impression que son fils tourne autour d'elle dans la maison. Elle entend régulièrement des pas dans les chambres à l'étage et re-connaît même ses pas parmi ceux de ses douze enfants. Sylvain lui répond dans un sourire : "Ça adonne bien, grand-maman, car je lui ai demandé de me faire signe..." La télé allumée se referme brusquement. Ils se regardent tous deux, les larmes aux yeux. Ils ont alors la conviction que le père de Sylvain est là avec eux.

Comprendre l'incompréhensible

D'année en année, Sylvain Lavoie se documente sur le para-normal, lit tout ce qui lui tombe sous la main. Le sujet le captive et il aimerait bien fonder un petit groupe de chas-seurs de fantômes afin de se plonger plus encore dans ce monde. En 2009, on lui diagnostique un cancer sévère.

S'il n'a pas peur de mourir, il réalise toutefois que tout peut s'arrêter alors qu'il a encore tant de choses à accomplir. La situation déclenche en lui une foule de questions sur la vie et surtout... sur la vie après la mort. Cet événement criti-que sera à l'origine de la création du BEPP.

« Je sentais une urgence de tout comprendre. J'allais peut-être mourir bientôt et je voulais en savoir plus sur ce qui pouvait m'attendre de l'autre côté. Entre la batterie d'exa-mens et l'opération, j'ai rédigé le manuel de formation du BEPP, j'ai formé une équipe de quatre personnes et nous avons même réalisé notre première enquête la veille de mon opération ! J'étais malade comme un bon, mais c'était comme si le BEPP me donnait une raison de rester en vie. J'avais déjà en tête l'idée de fonder ce groupe, mais l'urgence de ma maladie a bousculé les choses. »

On n'est jamais si bien servi que par soi-même

Étonnamment, le premier cas sur lequel le BEPP va travailler en 2009 est celui de l'appartement du fondateur, qui ne se doute pas encore des résultats. Sylvain Lavoie a réuni quelques nouveaux membres à qui il explique les rudiments du métier sur le terrain. Il leur propose de s'exercer avec les différents appareils dans son appartement. Sylvain explique : « Ça faisait au moins trois ans que j'habitais là et je n'avais rien senti d'anormal. Nous nous promenions donc dans les différentes pièces avec une caméra infrarouge, un

 « C'est fou, cette poche d'air froid se déplaçait dans la pièce. »

thermomètre, un appareil photo numérique et un magnétophone. Il va sans dire que je ne m'attendais à aucune réponse de la part de ces appareils. J'étais certain que mon appartement n'était pas hanté ! Il était environ 22 h. Tout à coup, au milieu du salon, j'ai constaté une chute radicale de température de 7 ou 8 °C sur mon thermomètre.

Plus fou encore, cette poche d'air froid se déplaçait dans la pièce. Très surpris, je l'ai suivie. Ce n'était pourtant pas un courant d'air. Par pur besoin de faire pratiquer les membres de l'équipe, j'ai lancé à un des participants : "Tiens, comme nous avons ici une drôle de fluctuation de température, ce serait une bonne idée de prendre une photo au cas où." Quelques secondes plus tard, la poche d'air froid

disparaissait vers un coin du salon. Au même moment, le photographe me lançait : "Hé ! Mes piles sont mortes." Pourtant, je savais bien que ces piles étaient neuves, je venais de les insérer dans l'appareil. »

La petite fille aux boudins

 «Je discernais nettement le visage lumineux d'une petite fille, ses cheveux en boudins, son toupet, ses yeux... »

Sylvain commence à se poser de sérieuses questions, mais il continue de ne pas croire à l'existence d'un fantôme chez lui. La soirée se termine et les participants s'en vont. Trois ou quatre jours plus tard, il décide de transférer les photos dans son ordinateur, toujours convaincu qu'il n'y trouvera rien d'important. Et tout à coup, que voit-il sur l'une des photos[14] ? Il nous décrit la scène.

« Près de la télé, sur le bord du mur, je discernais nettement le visage lumineux d'une petite fille, ses boudins dans les cheveux, son toupet, ses yeux... Par contre, elle semblait avoir le nez en mauvais état. Et là, j'ai soudain pris conscience qu'il pouvait y avoir une fillette fantôme dans mon appartement. Je n'en revenais pas ! Étrangement, par la suite, elle s'est manifestée à plusieurs reprises, comme si elle était heureuse que je connaisse son existence. Régulièrement, j'étais parcouru de frissons, même au cœur de l'été. Je me souviens d'un soir où je prenais une douche quand, tout à coup, j'ai vu une ombre dans le corridor par

la porte ouverte de la salle de bain. Je me suis précipité hors de la douche pour aller voir qui c'était... Personne! J'en ai conclu que c'était encore la petite demoiselle qui faisait des siennes.»

Savoir démystifier

Les enquêtes sur les deux cas suivants ont permis de démystifier des phénomènes que les gens croyaient paranormaux. En se rendant sur les lieux et en accumulant les observations, le BEPP en a conclu que ces maisons n'étaient pas hantées. Comme quoi les chasseurs de fantômes ne voient pas du paranormal partout! Voyons voir.

L'un des premiers cas d'enquête sur le terrain du BEPP concerne une maison située dans le nord de Montréal. La famille qui compte deux enfants en bas âge se prétend aux prises avec d'inquiétants phénomènes qui la préoccupent beaucoup. Selon ses témoignages, des jouets mécaniques se mettent en marche tout seuls et des odeurs parfumées se répandent subitement.

 «Nous avons vite découvert que les murs en béton de leur condo amplifiaient certaines vibrations en provenance de l'extérieur.»

L'équipe du BEPP installe ses instruments puis jase avec les propriétaires. Sylvain Lavoie nous raconte la suite des événements. «Dès notre arrivée, nous avons bien vu des jouets démarrer tout seuls. C'était vrai que ça semblait plutôt bizarre au départ.

Mais nous avons vite découvert que les murs en béton de leur condo amplifiaient certaines vibrations en provenance de l'extérieur, assez importantes pour déclencher le fonctionnement spontané des jouets. Une première

manifestation était ainsi démystifiée. Quant aux odeurs, nous avons rapidement déduit que c'était un simple pot-pourri placé à l'entrée de la maison et quelques courants d'air qui causaient probablement l'éparpillement de cette odeur vers les autres pièces.

Ce que nous avons compris, c'est que l'imagination fertile des occupants avait quelque peu altéré leurs perceptions, qui avaient donné naissance à des entités... fictives. Ce cas nous a confirmé l'importance éthique de toujours garder les pieds sur terre dans nos enquêtes. C'était une bonne leçon. »

Une mystérieuse statue

Pour le cas suivant, l'équipe du BEPP se rend dans une maison privée de la région de Blainville. Le couple concerné a un adolescent. Le garçon s'inquiète d'une statuette de la Vierge qui bouge de manière incompréhensible sur son bureau.

Lorsqu'il entre dans sa chambre, la statue lui tourne souvent le dos. La famille entend aussi des bruits étranges en provenance du grenier. De plus en plus effrayé, l'adolescent en est venu à cacher un poignard entre son matelas et son sommier. Apeurée par ces phénomènes, la famille a suspendu des crucifix partout dans la maison.

«Nous avons pris le temps de bien écouter le récit détaillé du garçon, raconte Sylvain Lavoie. Un suicide avait eu lieu dans le sous-bois derrière la maison. Nous sommes allés y

«J'ai déposé la statue sur le bureau, me suis penché à son niveau et j'ai soufflé légèrement en sa direction.»

faire un tour, mais rien ne nous parlait. J'ai ensuite étudié la petite statue en plastique, haute de quelques centimètres à peine. Le dessous du socle sur lequel elle reposait était légèrement bombé vers l'extérieur.

Je l'ai déposée sur le bureau, me suis penché à son niveau et j'ai soufflé légèrement en sa direction. Elle s'est retournée doucement. Nous sommes ensuite grimpés au grenier. De petits excréments d'animaux jonchaient le sol ici et là. Des bêtes allaient probablement se cacher là pour fuir les intempéries. Elles étaient certainement la cause des bruits inquiétants dans le grenier.

«Nous avions ainsi démystifié un supposé cas de hantise à l'aide d'explications des plus rationnelles.»

Nous avons quand même jugé important d'étudier les champs électromagnétiques dans la chambre de l'adolescent. De puissantes fluctuations aussi élevées que l'énergie produite par trois micro-ondes en marche circulaient à sa tête de lit. En déplaçant le lit, nous avons découvert une prise à laquelle étaient branchés plusieurs cordons d'alimentation. En débranchant le tout, les champs se sont aussitôt estompés. Nous avons donc conseillé aux propriétaires de ne plus rien brancher sur cette prise et d'observer le comportement de leur adolescent dans les jours qui allaient suivre.

Tout est alors rentré dans l'ordre. Les craintes de hantise de l'adolescent étaient probablement liées aux troubles physiques provoqués par cet excès de champs électromagnétiques au-dessus de sa tête. Une fois de plus, nous avions ainsi démystifié un supposé cas de hantise à l'aide d'explications des plus rationnelles. Nous étions fiers de nous, et eux étaient très soulagés. »

Un étrange visiteur

Par contre, au fil des mois et des années, le BEPP a enquêté sur d'impressionnants cas de hantise « confirmée ». Parcourons-en quelques-uns.

 La jeune femme se fait régulièrement réveiller par la présence d'une ombre qui l'observe debout à côté du lit.

Un couple dans la jeune vingtaine, parent de deux petites filles, vit des choses intrigantes dans son appartement en banlieue montréalaise. La chambre des parents est attenante à celle des enfants. Depuis des mois, le père dort dans le salon sur un matelas à même le sol de façon à pouvoir observer à la fois la chambre des parents et celle des

filles. Il laisse toutefois la porte de la chambre des filles fermée pour ne pas bousculer leurs habitudes. Une veilleuse crée un léger halo sous leur porte. Pendant la nuit, le père constate souvent le passage d'une ombre accompagné de bruits de pas dans la chambre de ses filles.

Il n'aime vraiment pas ça! Lorsqu'il se précipite pour aller constater *de visu* qui est là, ses deux petites dorment à poings fermés et personne d'autre ne se trouve dans la pièce. Le père fait très attention de ne pas alarmer les petites à ce sujet. Du côté de la chambre des maîtres, ce n'est pas beaucoup plus calme. La jeune femme se fait régulièrement réveiller par la présence d'une ombre qui l'observe debout à côté du lit.

Une entité apeurée

Sylvain Lavoie relate les moments cruciaux de cette enquête du BEPP. «Comme les manifestations se déroulaient la nuit, c'est pendant cette période que nous avons procédé. Nous étions trois enquêteurs. Je me suis même couché dans le lit du couple au cas où l'entité se montrerait. Le store à la fenêtre était assez opaque. Il y avait un lampadaire juste en face dans la rue. L'un des membres du BEPP est allé à l'extérieur et s'est déplacé, afin de vérifier si cela ne créait pas une ombre dans la chambre. Il trimballait aussi une lampe de poche.

 «Je leur ai demandé si elles étaient là pour protéger ou pour faire peur aux enfants ou au couple. »

Mais non, rien. Ce n'était pas cela. Tout se passait bien à l'intérieur. Rien de concret ne semblait être la cause de ce phénomène dans la chambre des parents. Je me suis ensuite installé tout seul dans la chambre des fillettes tandis que les deux autres membres du BEPP demeuraient dans la chambre des maîtres. J'ai fermé la porte pour m'isoler, je suis resté dans le noir, sans allumer ma lampe de poche.

Il y avait un petit bureau avec un miroir devant moi. J'y voyais à peine ma silhouette. Je me suis assis par terre, dos au mur, invitant doucement les entités à se montrer, à me faire signe.

 «Au même instant, j'ai aperçu, juste derrière moi dans le miroir, un voile blanc se soulever vivement dans les airs pour s'évaporer dans le coin supérieur du mur.»

Je leur ai demandé si elles étaient là pour protéger ou pour faire peur aux enfants ou au couple. Pouvaient-elles cogner sur le mur pour se manifester à moi? Ça faisait environ 20 minutes que j'étais là quand j'ai entendu un toc-toc en provenance de la penderie. Je me suis vite levé, j'y suis carrément entré, je ne voyais rien de perceptible dans le noir. Et j'ai demandé à nouveau aux entités: "Est-ce vous qui venez de me faire signe? Ai-je bien entendu?" Alors que j'étais pourtant hyper-calme quelques minutes auparavant, là, je paniquais, je n'avais qu'une idée en tête, je voulais m'enfuir de cette chambre, mais j'étais paralysé par la peur.

Au même instant, j'ai aperçu, juste derrière moi dans le miroir, un voile blanc se soulever vivement dans les airs pour s'évaporer dans le coin supérieur du mur. J'ai allumé ma lampe de poche en catastrophe, j'y ai dirigé le faisceau, mais il n'y avait rien. Plus surprenant encore, je n'avais plus peur du tout. C'était comme si j'avais absorbé les émotions troubles de cette entité aussi apeurée que moi. Je venais d'avoir une preuve visuelle instantanée d'à peine dix secondes que cette maison était victime de hantise. Mais je n'avais malheureusement aucune preuve matérielle de la chose. En sortant de la chambre, j'ai lancé à mes collègues : "Eh bien! Oui, il se passe quelque chose ici!" Nous avons ensuite rencontré le couple pour lui confirmer qu'il n'avait pas rêvé. Je lui ai raconté la scène vécue en soulignant que l'entité semblait bien plus apeurée qu'agressive. Même si la famille ne semblait pas en danger, j'ai quand même conseillé aux parents de faire nettoyer la maison, ce qu'ils ont accepté volontiers. »

Le BEPP suggère ensuite aux parents le nom d'une personne-ressource pour purifier les lieux. Dès après son passage et son action dans l'appartement, le couple ressent un mieux-être grandement apprécié.

Le médium Sylvain Bolduc

Jeune homme paisible et sûr de lui, Sylvain Bolduc est un médium très à l'aise avec ce don qu'il contrôle à merveille. Depuis son entrée dans l'équipe du BEPP, il est une ressource privilégiée pour entrer en contact avec les entités et les aider à se diriger vers la lumière libératrice.

D'aussi loin qu'il se rappelle, Sylvain Bolduc a toujours ressenti des choses hors de l'ordinaire. Déjà, à 7 ou 8 ans, il se sait différent. Il aide d'abord des personnes à retrouver aisément des objets sans savoir où elles les ont déposés. Il prévient souvent les gens d'événements à venir quelques jours plus tard. Il connaît des faits au sujet d'inconnus. Il pressent des visites

Sylvain Bolduc, le médium de l'équipe du BEPP.

impromptues quelques heures avant leur arrivée. Mais certains réagissent mal à ses prédispositions. Sylvain se souvient pour nous.

« Petit à petit, les gens ont commencé à me demander pourquoi je savais ça ou ça, ils se sont mis à douter de moi, me trouvant plutôt curieux. J'en suis même venu à effrayer ma mère qui me questionnait souvent : "Mais comment fais-tu cela ? Comment pouvais-tu savoir que ta tante Rita allait venir ce soir alors que je n'avais pas eu de ses nouvelles depuis des semaines..." Je ne savais pas pourquoi je le savais, mais cela me venait en tête sans que j'aie à faire d'efforts. Devant les réactions craintives des gens, j'ai compris qu'il valait peut-être mieux me taire dorénavant. »

Son don se confirme

À l'adolescence, Sylvain Bolduc se lie d'amitié avec des copains aptes à lire l'aura et à communiquer avec les esprits. Ils utilisent un Ouija pour ce faire. Afin de se protéger des mauvais esprits, Sylvain fait toujours une prière avant de débuter.

Avec le temps, le garçon se rend compte de son aisance pour les contacts spirites. Il n'utilise plus qu'un verre et des lettres de carton répandues sur la table en guise de Ouija, et cela fonctionne à merveille. Un jour, sa mère lui

demande finalement s'il veut bien tenter l'expérience avec elle, sa cousine et sa petite-cousine. Sylvain nous relate ce moment. « Nous nous sommes installés autour de la table. Nous avons déposé nos doigts sur le rebord du verre et

les questions fusaient déjà. C'est à ce moment que j'ai appris que ma mère avait une sœur décédée en 1922 que je n'avais jamais connue.

Son prénom m'est venu en tête bien avant qu'il ne s'inscrive sur la table par le choix des lettres. Ma mère n'en revenait pas. Et moi non plus d'ailleurs. Ce soir-là, ma mère a été convaincue de la force de mes facultés. Moi, de mon côté, je savais que je devais continuer de les apprivoiser.»

En contact avec ses parents

Sylvain Bolduc perd son père à l'âge de 15 ans et sa mère à l'âge de 19 ans. Son père prend souvent contact avec lui.

 «On ne prie pas les défunts, on prie pour les défunts.»

Sylvain y trouve bien-être et réconfort. L'adolescent ne le harcèle pas mais apprécie chaque communication. «J'ai en tête une notion à laquelle je fais toujours attention. On ne prie pas les défunts, on prie pour les défunts. Donc, je n'insiste jamais, mais j'apprécie beaucoup ses messages quand ils se présentent. À l'époque, le décès de ma mère m'a plongé dans un véritable gouffre. J'étais fils unique et

je perdais soudain toutes mes références familiales. J'étais en colère contre la vie. Pourquoi me faisait-on cela à moi? Le coup a été si dur à encaisser que j'ai tout arrêté pendant deux ans. J'ai mis de côté Ouija et spiritisme, j'essayais juste de survivre à ces éprouvants décès survenus à quelques années d'intervalle... Je suis allé étudier en théâtre. Mais les

 «C'est à ce moment-là qu'il est devenu clair que je ne pouvais plus mettre de côté cette faculté médiumnique.»

communications spirites sont vite revenues. Une nuit, ma mère m'a contacté explicitement en rêve pour me prévenir du danger de côtoyer une certaine personne. Et elle est revenue me relancer plusieurs nuits d'affilée avec le même propos. Au début, je n'en ai pas tenu compte, mais les faits lui ont bien vite donné raison. J'ai alors fait les démarches nécessaires pour couper contact avec cette personne. C'est à ce moment-là qu'il est devenu clair que je ne pouvais plus mettre de côté cette faculté médiumnique, car elle faisait partie intégrante de moi à jamais.»

Des messages convaincants

Un autre fait vécu va confirmer à Sylvain Bolduc sa propension à communiquer avec le monde de l'au-delà. Il habite depuis peu dans un loft à Montréal et ne connaît pas encore

«Au même moment, j'ai vu par la fenêtre des policiers quitter l'appartement voisin avec un corps étendu sur une civière. »

ses voisins. Une nuit, un esprit se présente à lui pour lui déclarer que le temps est venu pour lui-même de quitter les lieux. «Il était extrêmement lumineux et tout blanc, ajoute Sylvain. Au même moment, j'ai vu par la fenêtre des policiers quitter l'appartement voisin avec un corps étendu sur une civière. J'ai compris alors que l'esprit de cet homme venait de me signifier son départ.

Un autre cas qui me trouble encore quand j'en parle est arrivé il y a près de dix ans. J'étais en train de peindre un tableau alors que la télé était ouverte. Tout à coup, j'ai entendu une voix me dire: "Sylvain, arrête tout et va-t'en vite devant la télévision voir la navette spatiale, car elle va exploser." Or, il ne s'est rien passé sur le moment. J'ai douté pendant quinze jours de ce message.

« J'avais véritablement un lien avec le monde spirituel. J'allais y croire dès lors sans plus jamais douter. »

Et pourtant! Quinze jours plus tard, plus précisément le 1er février 2003, la navette Columbia explosait quinze minutes avant son atterrissage! Pourquoi m'avait-on annoncé ce drame pour lequel je ne pouvais rien faire? J'ai fini par comprendre que c'était pour me persuader d'avoir foi en ces voix intérieures messagères. On me livrait une preuve que je n'étais pas fou. J'avais véritablement un lien avec le monde spirituel. J'allais y croire dès lors sans plus jamais douter.»

Depuis, Sylvain Bolduc se laisse porter par ces messages qu'il livre à qui de droit aux moments opportuns. Il est maintenant animé d'une invincible conviction. Les êtres du monde spirituel l'ont choisi afin qu'il travaille pour eux, ce qu'il fait dorénavant en toute sérénité. En se joignant à l'équipe du BEPP, il peut utiliser ses ressources pour porter secours aux gens et inviter les entités qui hantent des maisons ou des gens à retourner vers la lumière.

Sylvain et Sylvain

« J'avais les mêmes préjugés que bien des gens au sujet des médiums. »

La rencontre de Sylvain Lavoie et de Sylvain Bolduc en 2010 ne se fera pas sous le sceau d'une confiance aveugle au départ. Le fondateur du BEPP espère une preuve tangible que Sylvain Bolduc n'est pas un charlatan. «J'aimais beaucoup l'idée d'intégrer un médium à l'équipe du BEPP, mais je voulais quand même m'assurer de son professionnalisme et de sa crédibilité.

J'avais les mêmes préjugés que bien des gens au sujet des médiums et je lui ai donc demandé de me démontrer son don, explique Sylvain Lavoie. Il m'a répondu bien calmement que j'aurais une preuve en temps et lieu, qu'il n'avait

Sylvain Bolduc et Sylvain Lavoie au cours d'une enquête.

rien à prouver. J'étais donc obligé de faire une enquête avec lui si je voulais le voir évoluer sur le terrain. J'aimais déjà son assurance...»

 «Avec l'adresse de la maison, je peux, en esprit, faire une lecture à distance des lieux physiques avant de partir...»

Le travail de médium de Sylvain Bolduc au sein du BEPP consiste d'abord à préparer le terrain des enquêteurs avant leur visite. Sylvain Lavoie lui donne l'adresse à visiter pour une future enquête et le médium s'imprègne spirituellement des lieux pour pressentir ce qui pourrait s'y passer.

«Ça aide l'équipe à se préparer en conséquence, explique Sylvain Bolduc. Avec l'adresse de la maison, je peux, en esprit, faire une lecture à distance des lieux physiques avant de partir, donner des détails sur ses habitants et voir si je ressens déjà la présence d'entités chez eux. Par contre, si je ne sens rien, cela ne veut pas dire que cette demeure n'est pas hantée. Le BEPP se rend quand même sur place. »

Une première enquête pour le médium

Nous sommes en décembre 2010. Le BEPP reçoit un courriel de gens effrayés. Ils cohabitent dans une grande maison, à Mascouche. Le contact, Micheline (*nom fictif*), n'a pas de

 «Un pot de fleurs posé sur une colonne est projeté soudainement dans les airs... »

conjoint mais une fille et elle partage sa demeure avec sa sœur et son conjoint, aussi parents d'une fille.

Parmi les phénomènes cités, des ampoules éclatent n'importe quand, le rideau de douche s'ouvre tout seul, des pas résonnent dans l'escalier, un pot de fleurs posé sur une colonne est projeté soudainement dans les airs...

Comme Sylvain Lavoie espère avoir la preuve de la médiumnité de Sylvain Bolduc au cours de cette enquête, il lui cache toutes ses données. La seule chose qu'il lui transmet est le nom de son contact et son adresse postale. Avec ces maigres renseignements, Sylvain Bolduc se concentre et se «branche» à distance avec le lieu pour s'y rendre en

une sorte de voyage astral. Il arrive ainsi à observer la place dans un premier temps sans avoir à y être, et il partage tout de suite ce qu'il y voit et ressent avec le fondateur du BEPP. Ce dernier nous raconte ce qui suit. «Moi, je ne savais pas à quoi ressemblait ni l'endroit ni cette dame. Il a pourtant commencé à me décrire la maison avec certains détails précis étonnants. Elle était en briques rouges, elle avait à ses côtés un garage en tôle aux allures plutôt délabrées... Il m'a aussi parlé de l'avant-dernière marche de l'escalier du sous-sol, susceptible d'être dangereuse.

Il a décrit un puits situé sous l'escalier du sous-sol qui servait probablement de vortex, c'est-à-dire d'entrée aux entités dans la maison. Il m'a tracé aussi le portrait de la dame, la longueur de ses cheveux, ses dix doigts couverts de bijoux, en précisant qu'elle était célibataire... »

En route pour Mascouche

Par une belle soirée d'hiver, l'équipe du BEPP, composée de quatre membres, se dirige vers la demeure de la requérante. La route de campagne est fort sombre. Il y a peu de maisons et les voyageurs ont du mal à voir les adresses. Si bien qu'ils reconnaissent d'abord le vieux garage avant de voir la maison en briques rouges à ses côtés. Sylvain Bolduc ne s'est pas trompé! L'équipe se présente à la porte et sonne. Micheline

«Sylvain Bolduc m'avait aussi parlé de l'entité qui hantait les lieux, la décrivant comme un ancien militaire.»

ouvre la porte. Le médium avait tout vrai! Il sourit. Il est content. Cela confirme sa crédibilité à ses nouveaux collègues du BEPP. La dame des lieux correspond totalement à sa description, tout comme la résidence.

Ils entrent, font les présentations et visitent chaque pièce jusqu'au sous-sol. Ô surprise! L'avant-dernière marche de l'escalier est fendue de long en large. Et sous l'escalier, Micheline leur montre un puits qu'elle se promet de sceller bientôt. Sylvain Lavoie n'en revient tout simplement pas. S'il voulait une preuve des facultés de médium du nouveau membre du BEPP, il ne pouvait demander mieux. Le jeune homme partage avec nous les autres moments forts de ce cas unique.

«Sylvain Bolduc m'avait aussi parlé de l'entité qui hantait les lieux, la décrivant comme un ancien militaire. Alors, comme tout ce qu'il m'avait déclaré sur les lieux physiques

se confirmait au fur et à mesure, je me suis dit qu'il ne se trompait certainement pas sur l'identité du spectre non plus. Une fois tous remontés à l'étage, je me suis rendu à la

 «Nous avons perçu clairement le reflet de la lumière qui se rallumait toute seule.»

toilette. Dès que la porte a été refermée, j'ai été enveloppé d'un grand froid. Ça m'a rentré complètement dedans! J'ai lancé: "Je ne suis pas tout seul, hein?"

La porte a cogné plusieurs fois comme si quelqu'un tentait de l'ouvrir malgré qu'elle était barrée. L'être de l'au-delà me démontrait clairement sa présence. Je suis sorti de la toilette et j'ai raconté ce que je venais de vivre à mes collègues. Rien n'allait plus. Quelques secondes plus tard, une ampoule éclatait sous nos yeux dans le salon!

Dans la chambre des maîtres, la lampe s'est allumée toute seule en notre présence. Nous l'avons éteinte. Plus tard, alors que nous repassions devant cette même chambre dont la porte était fermée, nous avons perçu clairement sous celle-ci le reflet de la lumière qui se rallumait toute seule. Puis, encore plus tard dans la nuit, deux membres du BEPP installés dans cette chambre ont invité l'entité à rallumer la lumière. Rien ne s'est passé. Mais juste au moment où ils quittaient la pièce, la lampe s'est soudain allumée toute seule...»

Un orbe lumineux

Un autre fait intéressant découvert par la suite au sujet de cette demeure hantée étonne toute l'équipe du BEPP. Une caméra disposée au sous-sol révèle la présence

Sylvain vient d'être traversé par un orbe qui s'est ensuite éloigné très rapidement!

exceptionnelle d'orbes. Plusieurs enquêteurs paranormaux vont souvent présumer que des grains de poussière captés par leur caméra sont des orbes. Sylvain Lavoie se méfie toujours de la chose, car il considère qu'il est extrêmement rare de pouvoir en filmer de véritables. Il explique qu'en photo on ne peut jamais vraiment confirmer la présence d'orbes, car il est trop facile de se tromper. Il n'y croit qu'en vidéo. Il explique qu'il faut absolument que l'orbe soit lumineux, qu'il conserve sa même intensité lumineuse en mouvement, de loin ou de proche, et qu'il bouge aussi très rapidement. Les grains de poussière ne correspondent pas à une telle description.

Or, au cours de la fameuse soirée, Sylvain Lavoie se trouve dans le noir au sous-sol de la demeure de Micheline. Il est debout au milieu de la pièce. La caméra filme en continu. Tout à coup, une vive sensation froide traverse l'enquêteur au passage, au point d'en être fortement bousculé. Qu'est-ce donc? Sylvain vient d'être traversé par un orbe qui s'est ensuite éloigné très rapidement! Ce qu'on peut constater sur vidéo corrobore ce qu'il a ressenti.

Un vieux soldat grincheux

Après avoir analysé toutes leurs données, l'équipe du BEPP en conclut qu'un soldat fantôme bourru hante bel et bien les lieux et manifeste sa présence avec éclat. Sylvain Lavoie et Sylvain Bolduc retournent rencontrer Micheline et avec

 «Il m'est déjà arrivé d'être lacéré dans le dos par des griffes invisibles. »

son accord, le médium libère enfin l'entité. Il nous explique comment il s'y prend toujours. «Je fais brûler de la sauge pour purifier chaque pièce, je la bénis ensuite avec de l'eau bénite et je la scelle énergétiquement dans la lumière afin d'éviter que les présences indésirables qui circulent ailleurs dans la maison n'aillent s'y réfugier.

Ensuite, je prends contact spirituellement avec l'entité dans l'espoir de la convaincre d'entreprendre le chemin vers la lumière. Si elle semble s'obstiner, je demande de l'aide à

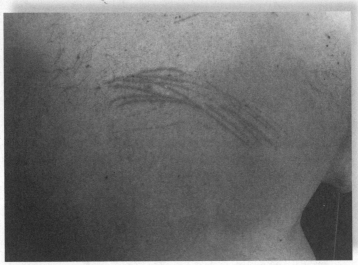

Cette photo du dos égratigné de Sylvain fut prise tout de suite après le départ de la dame.

l'un de mes guides spirituels. Ce peut être parfois très lourd et très exigeant. Je peux être une menace pour ces entités dont certaines sont avides de conserver leur emprise sur le monde réel. Je suis parfois confronté à des attaques psychiques ou physiques.

Il m'est déjà arrivé d'être lacéré dans le dos par des griffes invisibles. Une dame parasitée par des entités agrippées à elle était venue me porter quelque chose à la maison et, dès qu'elle est entrée, je me suis senti agressé. Je ne m'y attendais pas, je n'étais pas protégé. J'ai tout de suite senti les entités entrer avec elle. J'avais de grosses crampes dans

« Je travaille beaucoup avec mon guide Saïd qui s'est présenté à moi pendant une méditation quand j'avais 22 ans. Ça a été une rencontre extrêmement énergisante. Depuis, il me donne des conseils, me prévient de certaines choses et évolue avec moi. J'ai découvert un jour qu'Abou Saïd est un saint soufi qui a d'ailleurs donné son nom à la ville de Sidi Bou Saïd, en Tunisie. En découvrant les temples de cette ville dans un livre, je me suis rappelé que Saïd m'avait parfois emmené en rêve dans ces lieux bénis que je reconnaissais maintenant en photo. »

le plexus solaire et je me sentais attaqué physiquement. Dès qu'elle est repartie, je me suis regardé le dos pour y constater la présence d'égratignures. Je n'ai pas eu l'occasion de revoir cette femme pour l'aider à se départir de ces êtres maléfiques, mais de mon côté, j'ai vite purifié la maison.»

Des objets projetés sur les murs

Découvrons une autre enquête importante menée par le BEPP. À la suite d'une conférence donnée en juillet 2010, Sylvain Lavoie est contacté par Monique (*nom fictif*) qui

 Le couple a deux petites filles et il craint maintenant pour leur sécurité.

habite dans le nord de Montréal. Elle lui confie vivre des phénomènes incompréhensibles chez elle, longtemps réfutés par son conjoint Sébastien (*nom fictif*), autrefois incrédule. Ce dernier refusait systématiquement de faire venir des enquêteurs paranormaux. Or, il a fini par céder devant l'ampleur des manifestations.

Le couple a deux petites filles et il craint maintenant pour leur sécurité.

Entre autres manifestations, Monique entend d'imposants coups donnés dans les murs. Il lui arrive de se faire pousser brutalement en bas du lit. Une nuit, Sébastien ressent des caresses sournoises auxquelles il tente de trouver des explications rationnelles, mais sans succès. Un jour où il est seul à la maison, il assiste à une scène déroutante. Un vacarme bizarre l'attire précipitamment dans la chambre de leurs filles. Des trois petits cadres miroirs accrochés sur l'un des murs, l'un est en miettes par terre, l'autre est un peu plus loin dans le même état et le troisième est complètement hors de la chambre, en mille morceaux près de la porte d'entrée de la maison. Comment ce dernier cadre aurait-il pu être projeté si loin dans la maison? C'est cette manifestation qui convainc Sébastien de demander une enquête du BEPP.

Un amour honteux

 «Au cours de sa transition spectrale, il était tombé amoureux de Sébastien...»

Après l'appel de Monique, Sylvain Bolduc fait une lecture spirite de la résidence du couple. Il nous décrit ce qu'il a pressenti à distance et ensuite à son arrivée sur place. «J'ai d'abord vu le conjoint dans la vingtaine victime de l'entité de la maison. Je l'ai décrit à Sylvain Lavoie. J'ai aussi pressenti que le fantôme était le constructeur des lieux, bâtis dans les années 1980. Il avait passé toute sa vie avec une femme en lui cachant son homosexualité refoulée, vécue en cachette.

Au cours de sa transition spectrale, il était tombé amoureux de Sébastien, qui vivait là maintenant.»

Dès son entrée dans la résidence, l'équipe perçoit d'importants mouvements de champs magnétiques qu'ils suivent dans les différentes pièces et notamment dans l'escalier, théâtre de coups portés dans les murs.

Sylvain Lavoie passe ensuite un moment seul dans le sous-sol et devient le témoin de manifestations saisissantes. «Le détecteur de champs électromagnétiques réagissait tellement, c'était fou! C'était juste à côté de moi. Je ne sentais pas de présence, par contre. À un autre moment, nous avons entendu un bruit dans la cuisine, similaire à celui du couvercle d'une poubelle soulevé et refermé brutalement. Il n'y avait pourtant personne dans cette pièce au moment de cette manifestation...»

Un dernier aveu

L'équipe du BEPP quitte donc les lieux dans l'espoir de trouver plus encore sur les captations des caméras et appareils photo. Mais, non, aucun visuel supplémentaire. Il n'en demeure pas moins évident pour eux qu'une entité squatte

 «L'homme regrettait ses gestes et se disait désolé d'avoir pu faire peur à ces jeunes gens.»

les lieux. Quelques jours plus tard, ils retournent présenter la conclusion de leur enquête au jeune couple. Sylvain Bolduc leur propose de procéder à une libération dans le but d'apaiser ce spectre et de l'évacuer. Ils acceptent volontiers.

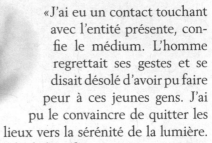

«J'ai eu un contact touchant avec l'entité présente, confie le médium. L'homme regrettait ses gestes et se disait désolé d'avoir pu faire peur à ces jeunes gens. J'ai pu le convaincre de quitter les lieux vers la sérénité de la lumière. En quittant, il m'a demandé de leur faire ses excuses.»

Au moment du départ de Sylvain Bolduc et Sylvain Lavoie, Sébastien leur fait une dernière confidence. Certaines nuits, il avait eu l'impression de subir des attouchements à répétition au point de se lever et d'aller prendre douche après douche. Se croyant en train de devenir fou, il n'avait jamais osé en parler à quiconque jusqu'à maintenant. C'en était venu jusqu'à affecter sa vie amoureuse. L'enquête du BEPP l'a apaisé. Un mois plus tard, Sylvain Lavoie rappelle le couple pour s'assurer que tout est revenu au beau fixe dans la maison. Les deux jeunes tourtereaux affirment que tout va pour le mieux.

Enquête de formation à L'Assomption

Parmi toutes les enquêtes menées, les membres du BEPP s'entendent pour dire que leurs expéditions au Vieux Palais de Justice de L'Assomption[15] demeurent parmi les plus palpitantes à ce jour.

 «Dans le noir, nous pouvions clairement voir des éclairs bleus tournoyer autour de nous. »

Comme les lieux sont reconnus pour être hantés, le BEPP s'y est rendu à trois reprises, dont l'une a servi à former des enquêteurs sur le terrain. Sylvain Lavoie nous relate une nuit fort intense et fructueuse. «Ce fut tout une initiation pour ces apprentis enquêteurs, je peux vous le dire. Dans le sous-sol du Vieux Palais de Justice de L'Assomption,

Le Vieux Palais de Justice de L'Assomption.

j'ai été touché par le petit enfant fantôme bien connu qui hante cette partie du vaste bâtiment.

Assis dans le noir, nous pouvions clairement voir des éclairs bleus tournoyer autour de nous. Ces formations lumineuses circulaient rapidement. Ça a duré plusieurs minutes. C'était fabuleux! J'ai ensuite tenté de prendre contact avec ce petit garçon. Je lui disais de ne pas s'inquiéter, qu'il ne pouvait pas nous transmettre la maladie contagieuse qui l'avait terrassé... Puis, tout à coup, nous avons perçu des petits pas hésitants glissant sur les dalles du sous-sol. Et j'ai dit: "Viens, approche-toi, tu peux me toucher si tu veux, n'aie pas peur." J'ai avancé ma main vers le vide devant moi. J'ai alors eu la bouleversante impression de petits doigts me caressant doucement l'annulaire. Je l'ai tout de suite remercié pour son geste. De toute ma vie, je n'oublierai jamais ce moment merveilleux.»

Un étrange signal lumineux

Plus tard la même nuit, les enquêteurs utilisent une lampe de poche pour prendre contact. Ils tournent la tête de la torche pour qu'elle soit à quelques millimètres près de s'allumer et la déposent. Sylvain Lavoie nous raconte ce qu'ils ont alors vécu. «Nous étions assis à quelques pas de la lampe posée sur le sol. J'ai demandé au garçon de nous signifier sa présence.

Doucement, la lampe s'est allumée progressivement. Le faisceau a tremblé, puis il s'est stabilisé. J'ai aussitôt remercié l'entité et lui ai demandé d'éteindre la lampe pour conserver son énergie. La torche s'est éteinte lentement. J'ai

Les enquêteurs sont assis à quelques pas de la lampe de poche, déposée à plat sur le sol derrière la chaise. Soudain, la lampe s'allume, toute seule, en réponse à leur question.

proposé en second lieu à l'enfant de venir à nouveau me toucher. Un détecteur posé à mes côtés s'est mis à réagir fortement tandis que je ressentais une présence tangible à ma gauche. La personne se trouvant à un mètre de moi a lancé au même moment : "Hé ! Qui me touche, là ?" "C'est bien à ta droite, n'est-ce pas ?" que je demande à ce collègue. "Oui, oui, juste à ma droite, c'est entre nous. Hé, on vient de me frôler la cuisse, cette fois !" Nous étions tous sans voix. Le petit garçon fantôme venait tout juste d'entrer en contact avec deux d'entre nous en même temps. Quel moment rare et inoubliable !»

Dans un souffle

 « L'entité s'était amicalement mêlée à notre conversation. »

Plus tard encore dans la nuit, l'équipe du BEPP se déplace au grenier. Sylvain Bolduc s'y trouve avec l'un des apprentis-enquêteurs et trois autres personnes. Ils discutent entre eux calmement. À un moment, Sylvain meuble le silence en demandant aux autres d'où ils viennent. «De Thetford Mines», lui répond l'un des enquêteurs. Sylvain continue de raconter : «Le jeune homme m'a retourné la question et je lui ai répondu. Or, en écoutant plus tard l'enregistrement amplifié de notre conversation, nous avons aussi entendu chuchoter : "De Québec"... L'entité nous avait répondu elle aussi ! Je n'avais rien perçu au moment où c'est arrivé, même si je sentais bien quelque chose nous tourner autour. Je vous dirais que ça a été plutôt amusant à entendre ! L'entité s'était amicalement mêlée à notre conversation.

Mais tout cela n'est en fait pas si surprenant, car ça bouge vraiment beaucoup au Vieux Palais de Justice de L'Assomption. Plusieurs entités y gravitent, elles sont extrêmement perceptibles quand elles ne prennent pas carrément contact avec nous. Certaines sont confinées au sous-sol comme le petit garçon, d'autres errent au grenier. D'autres encore déambulent un peu partout dans le bâtiment patrimonial. C'est un lieu riche en phénomènes paranormaux qui nous montre que notre travail d'enquêteurs n'en est qu'à ses balbutiements. Il reste encore tant à faire ! »

De fait, le BEPP a bien l'intention de continuer à enquêter dans le domaine du paranormal, non seulement pour mieux comprendre et expliquer ce monde mystérieux, mais aussi pour continuer d'aider les gens aux prises avec des entités indésirables. Le paranormal parle haut et fort au fondateur Sylvain Lavoie, au médium Sylvain Bolduc et à tous les autres membres de l'organisation. Et ils sont fermement décidés à l'écouter et à lui tendre la main.

Sylvain Lavoie en train d'observer des documents visuels pendant une enquête.

Un cadavre peut-il dégager une certaine forme d'énergie?

«La mort est la cessation définitive et totale de tous les processus métaboliques et des échanges chimiques, c'est l'effondrement du trépied vital, c'est-à-dire les fonctions nerveuse, cardiaque et respiratoire[16].»

Luc Parent, assistant-pathologiste judiciaire, et Jacques Beauchemin, thanatologue et également assistant-pathologiste judiciaire au Laboratoire de sciences judiciaires et de médecine légale de Montréal, nous fournissent quelques explications à ce sujet.

«Quatre éléments caractérisent l'état d'un cadavre.

• *Livor mortis* (lividité cadavérique) : il s'agit d'un phénomène physique qui se manifeste notamment par la décoloration de la peau. En effet, au décès, la circulation sanguine cesse et le sang à l'intérieur des vaisseaux sanguins se dépose dans les parties les plus basses des organes ou du corps. La lividité commence à être visible entre 30 minutes et 2 heures après le décès.

• *Rigor mortis* (rigidité cadavérique) : le raidissement du corps suit la période de flaccidité – l'état d'un corps qui est flasque – qui survient au décès. Après le décès, la production d'ATP (l'adénosine triphosphate, source d'énergie produite par les cellules grâce à l'oxygène) cesse et sa concentration dans les muscles diminue progressivement, ce qui rend les muscles rigides. Le temps de rigidité est variable. Elle débute entre 2 et 4 heures après le décès. En climat tempéré, elle disparaît entre 36 et 48 heures après le décès ou lorsque la décomposition s'installe.

• Le refroidissement post-mortem: après le décès, la température du corps baisse progressivement jusqu'à ce qu'elle s'équilibre avec la température ambiante. Au début, il y a une phase de plateau qui dure de 3 à 4 heures. On explique ce phénomène par la chaleur résiduelle provenant des processus métaboliques.

• La décomposition: c'est la désintégration des tissus après la mort. Deux procédés sont responsables: l'autolyse et la putréfaction. L'autolyse est un processus chimique causé par les enzymes intracellulaires qui entraîne la destruction des cellules et des organes. La putréfaction résulte de l'action des bactéries et autres microorganismes qui proviennent principalement du tube digestif. Ces deux procédés provoquent des changements physiques importants sur le corps, commençant entre 24 et 36 heures après le décès.

Certains calculs basés sur les quatre éléments cités plus haut et établis selon une charte élaborée en médecine légale permettent de faire une approximation du temps du décès. Notre métier est entre autres de déterminer la cause de ce décès, et c'est au coroner d'apporter la conclusion au sujet du moment, de la cause et des circonstances entourant la mort», expliquent MM. Parent et Beauchemin.

Mais quelle est la source de l'énergie
d'un corps humain?

«L'énergie d'un corps lui est fournie par ses fonctions biologiques, explique Jacques Beauchemin. Les cellules utilisent l'oxygène pour créer l'ATP nécessaire à toutes nos fonctions métaboliques, ce qui génère de la chaleur.

Quand il y a un arrêt de l'activité cellulaire, donc la mort, les phénomènes cités et expliqués plus haut entrent en scène.

Par contre, quand on parle d'énergie en termes d'âme, nuance M. Beauchemin, je pense que c'est une autre histoire. Pour les personnes convaincues qu'il y a quelque chose après la mort, cette énergie dont on parle ici pourrait représenter l'essence même de l'être humain. Certains l'appellent énergie vitale, énergie cosmique, conscience, corps éthérique, esprit, âme... J'ose y croire même si je n'ai pas été témoin de quoi que ce soit en ce sens. La foi, peut-être?

Lorsque notre voiture (notre corps) est accidentée, ne fonctionne plus ou bien qu'on veut tout simplement la changer, nous (notre âme) nous en débarrassons et nous en procurons une autre ou nous utilisons un autre moyen comme le transport en commun. Mais nous continuons de nous déplacer et d'évoluer quand même. Le véhicule a tout ce dont il a besoin pour fonctionner. Mais il ne peut pas fonctionner sans conducteur. Et si l'âme était ce conducteur? Si cette énergie-là existait? Cette partie de nous, la conscience, continue-t-elle toujours d'exister? Peut-être. Ce n'est pas parce que quelque chose ne se voit pas que ça n'existe pas!

Pourquoi doit-on avertir les personnes qui vont louer un appartement que le locataire précédent y a été assassiné ou s'y est suicidé? Et s'il existait vraiment une énergie résiduelle qui hante les lieux et qui puisse affecter les nouveaux locataires de l'endroit? Si c'était l'âme, comme certains la qualifient? Bien sûr, cela n'a pas encore été prouvé. Peut-être faudrait-il tenter de convaincre la communauté scientifique de se pencher de façon plus exhaustive sur le sujet. En tout cas, pour l'instant, moi, je me dis que rien ne nous a encore confirmé le contraire...»

fantomemontreal.com

Fantôme Montréal
FRÈRE ET SŒUR EN QUÊTE DU PARANORMAL

—————◆—————

Lieu : Montréal et parfois en région
Phénomènes : bruits suspects, soupirs, voix,
grognements, meubles qui se déplacent, brises...
Témoins et enquêteurs : Nicole et Jacques Poirier,
fondateurs de Fantôme Montréal

—————◆—————

*« Je commence à entendre d'étranges bruits chez moi.
Ça fait pourtant dix ans que je demeure là sans problème.
Par mégarde, j'ai peut-être transporté des entités
avec moi en provenance de nos lieux d'enquête. »*
Jacques Poirier

Ils sont convaincus que le paranormal d'aujourd'hui n'est
que le « normal » de demain. Ils cultivent un esprit critique
mais ouvert, leur meilleur allié pour apprivoiser, comprendre et définir les phénomènes paranormaux. Nicole et
Jacques Poirier, sœur et frère et fondateurs de Fantôme
Montréal, forment un duo de chasseurs de fantômes à toute
épreuve. Deux autres enquêteurs, Daniel Balenzano et
Jilliane Shannon Balenzano, se greffent régulièrement aux
associés Poirier.

Nicole et Jacques Poirier, fondateurs de Fantôme Montréal.

Nicole Poirier a toujours aimé s'imprégner des univers parallèles. Elle trouve dans l'ailleurs et l'impalpable ce qui l'empêche de s'ennuyer dans la vie quotidienne. La spiritualité occupe une place prépondérante dans sa vie. Elle espère du fond du cœur qu'existe un quelque chose ailleurs. «Je

 «Plus je lisais, plus j'accumulais des questions plutôt que des réponses...»

veux avoir confiance en l'idée que je ne suis pas seulement un corps, mais que j'ai une âme existant bien au-delà de ma personne en chair et en os, nous explique-t-elle. Cette âme, je ne sais pas d'où elle vient, je ne sais pas où elle va, mais je sais que je peux la nourrir, l'entretenir par ma spiritualité. J'ai lu une multitude de livres sur le sujet dont certains touchaient le thème de la vie après la mort, les expériences de mort imminente. Plus je lisais, plus j'accumulais des questions plutôt que des réponses...»

L'histoire de son frère, Jacques Poirier, est très similaire à la sienne. Son enfance n'a pas été bercée de fantômes errants, mais il s'intéresse au sujet comme tout adolescent fervent de films d'horreur et de hantise. Devenu adulte, il s'engage dans une vie de famille trépidante qui monopolise tous ses moments libres, si bien qu'il s'écarte de sa passion pour le paranormal un certain temps. Il nous en glisse quelques mots. «C'est pendant un passage difficile de ma vie que j'en suis venu à ne plus croire en grand-chose ni même en moi-même et que j'ai commencé à me poser de sérieuses questions et à me mettre à espérer qu'il existe quelque chose de plus grand que nous. Ça m'a probablement sauvé la vie!»

La création de Fantôme Montréal

Nicole et Jacques n'ont pas été témoins de phénomènes paranormaux avant 2008, l'année où ils décident de fonder leur équipe d'enquêteurs. Ce jour-là, tous deux écoutent *Chasseurs de fantômes* à la télé. «Je suis certaine, nous dit Nicole, que cette série est à l'origine d'une multitude de groupes d'enquêteurs paranormaux dans le monde entier! Nous trouvions l'idée tellement palpitante. Nous étions tant fascinés par ce domaine. Et nous avons décidé de créer Fantôme Montréal à ce moment-là. Depuis, nous n'avons jamais cessé d'être emballés par ce que nous faisons.» Jacques ajoute: «Nous avons d'abord participé à une enquête avec Patrick Zakhm de Montreal Paranormal Investigations [voir p. 14], et j'ai tout de suite eu la piqûre.

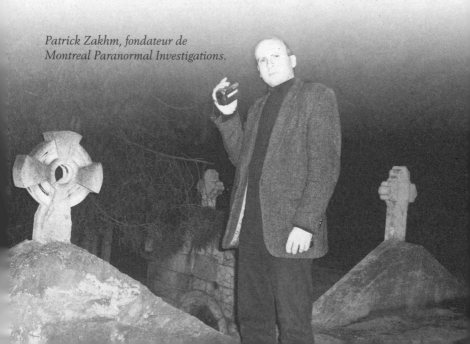

Patrick Zakhm, fondateur de
Montreal Paranormal Investigations.

Cette sensation de frisson, cette chair de poule, le fait qu'il puisse m'arriver n'importe quoi, l'intensité du moment présent... J'aimerais tellement qu'un fantôme me touche, qu'il me pousse, que je puisse vivre un jour une véritable interaction... Je n'ai pas peur des fantômes, Nicole non plus d'ailleurs. De toute façon, nous ne pourrions pas faire ça si nous dégagions de la peur!»

Après l'engouement de la première enquête, le frère et la sœur s'équipent avec le matériel adéquat et deviennent officiellement les chasseurs de Fantôme Montréal.

Un cas troublant

Étonnamment, leur premier cas leur est signalé par un policier. Une de ses connaissances, Johanne (*nom fictif*), qui travaille comme agente de sécurité, vient d'emménager dans les Laurentides avec son conjoint, Louis (*nom fictif*), dans une maison bicentenaire, théâtre de bizarres manifestations. Louis a hérité de la demeure quelques années auparavant. Il ne croit aucunement qu'il puisse s'y passer des choses étranges et il ne veut rien entendre à ce sujet.

Selon Louis, les bruits de la maison sont de simples craquements dans les murs, et les fantômes, ça n'existe pas. Pourtant, même sa mère racontait autrefois des histoires plutôt stupéfiantes du temps où elle habitait là. Alors qu'elle changeait la couche du petit, l'enfant semblait suivre des yeux quelque chose en mouvement dans le vide. Quand l'enfant dormait dans son lit, une main invisible semblait le bercer... Belle-maman n'est donc pas étonnée d'entendre les inquiétudes de sa belle-fille, malgré le scepticisme de son fils en proie à de nerveux fous rires face à toutes ces histoires.

Comment affronter l'invisible ?

Johanne profite d'une semaine d'absence de son conjoint à la maison pour inviter en secret l'équipe de Fantôme Montréal. Trois enquêteurs se présentent à 21 h, un samedi soir d'avril. Jacques raconte. « Il était très important pour Johanne que

 « Des objets se sont mis à bouger dans la pièce à côté, comme si on déplaçait des meubles. »

nous y allions cette semaine-là car elle devait tout cacher à son conjoint. Certaines manifestations l'inquiétaient beaucoup. Surtout qu'elles se produisaient principalement en l'absence de Louis.

Entre autres, un soir où elle était seule et qu'elle regardait tardivement la télé dans la chambre à coucher, des objets se

sont mis à bouger dans la pièce à côté, comme si on déplaçait des meubles. Elle croyait vraiment que c'était des fantômes et elle leur a crié : "Laissez-moi tranquille, arrêtez de me déranger... laissez-moi dormir..." Quand elle se trouvait au rez-de-chaussée, des pas rôdaient à l'étage alors qu'il n'y avait personne. Leur chien refusait même d'y monter. Ils avaient beau tenter de l'y obliger, il grognait et se braquait. Johanne se sentait souvent observée dans la salle à manger, agacée par la sensation désagréable de ne pas être seule. Elle avait peur. Pourtant, c'est une agente de sécurité et elle n'a peur de rien. Mais elle ne savait pas comment négocier avec l'au-delà. Elle nous a dit : "Si jamais quelqu'un entrait chez moi par effraction, je me lèverais et je saurais comment me défendre, mais là, avec ça, je n'ai aucune idée comment agir. Je perds tous mes moyens..."»

Qui est là ?

Dès son arrivée, l'équipe de Fantôme Montréal installe des magnétophones et des caméras infrarouges un peu partout dans la maison. Les enquêteurs utilisent aussi un instrument très pratique, un rayon laser capable de mesurer la température à distance.

Ils éteignent ensuite les lumières, s'assoient et patientent. Jacques tente d'établir un contact. Il présente ses collègues, avise qu'ils n'ont aucune intention agressive et demande le

 «Tout ce que nous voulons, c'est communiquer avec vous, leur disais-je.»

signe d'une présence. «Un médium avait autrefois confirmé à la belle-mère l'existence d'une femme et d'un enfant fantômes en ces lieux. Nous sommes donc partis de ces données. J'ai continué de tenter le contact.

"Tout ce que nous voulons, c'est communiquer avec vous, leur disais-je. Nous ne voulons ni vous faire peur ni vous faire partir." Bon, il est certain que, si des entités embêtent trop les occupants, nous devons procéder au nettoyage de la maison et les faire partir, mais, dans un premier temps, nous ne leur disons pas. Ces entités pourraient alors se montrer agressives si elles sont réfractaires à l'idée de quitter les lieux. Je leur ai aussi expliqué que nos oreilles humaines n'avaient peut-être pas la faculté de les entendre. Donc, si elles nous parlaient, il se pouvait qu'on ne les entende pas et qu'il faille écouter des enregistrements amplifiés pour y arriver. Elles ne devaient pas s'abstenir de parler si nous ne réagissions pas, et nous nous en excusions. Nous leur avons demandé de parler le plus fort possible. Parfois, nous tapions aussi une séquence de petits coups dans nos mains en espérant qu'elles la complètent ou nous leur demandions de reproduire la même séquence.»

Une entité = une zone froide ?

Jacques Poirier explique : «Pour exister, une entité peut drainer l'énergie ambiante. Elle crée alors une zone extrêmement froide là où elle se trouve. En fait, il existe deux théories à ce sujet. La première dit que la température plus froide d'une zone en particulier peut résulter du fait que cette zone est relativement peu dense en matière. La seconde théorie prône que lorsqu'un fantôme essaie de se matérialiser, il doit s'accaparer de l'énergie qui l'entoure et que la chaleur est justement une source d'énergie. Comme il est souvent incapable de se matérialiser étant donné le manque d'énergie nécessaire, cela crée un point froid à l'emplacement où il se trouve et on ne peut donc pas voir le fantôme. Il semble aussi qu'un fantôme se sert de l'énergie qui l'entoure pour se déplacer.

Un autre point de vue attribue les points froids à une porte d'entrée, un portail vers une autre dimension que la nôtre et qui serait habitée par des esprits. Donc, un point froid serait la porte qui permet à un fantôme d'entrer ou de sortir de notre monde. Certains prétendent que le triangle des Bermudes serait foisonnant de points froids, donc de portails, et serait en lien avec un ou des mondes parallèles.»

Le rire d'un enfant

Nicole se trouve seule dans la salle à manger avec un magnétophone tandis que Jacques s'assoit par terre avec Carole au pied du lit dans la chambre des maîtres à l'étage. Ils gardent tous le silence. Soudain, Jacques et sa collègue entendent un bruit sec et très fort, tel un coup de fouet, en provenance du rez-de-chaussée. Jacques se lève aussitôt et crie à sa sœur de lui dire si c'est elle qui a produit ce bruit. «Mais quel bruit?» lui répond Nicole. Le son provenait de la pièce où elle se trouve, pourtant Nicole n'a absolument rien entendu. Et elle affirme que le chien n'a pas bougé non plus.

Qu'était-ce donc? Ils n'en reviennent tout simplement pas. Pourtant, plus tard, à l'écoute des enregistrements, le son provient bel et bien de la salle à manger et Nicole ne comprend pas pourquoi elle ne l'a pas entendu. Mais ce n'est pas tout.

«L'enregistrement amplifié a révélé le rire coquin d'un enfant semblant s'amuser non loin de moi.»

Si le reste de la soirée semble se dérouler dans le calme plat, l'audio va leur livrer une tout autre version des faits. Nicole nous raconte cette découverte faite sur l'enregistrement.

«Toute seule dans la salle à manger, je posais parfois des questions, je gardais parfois le silence. Si je n'ai rien entendu, l'enregistrement amplifié a révélé le rire coquin d'un enfant semblant s'amuser non loin de moi. Un peu plus tard, il y a eu un léger soupir. Une troisième manifestation sonore nous a aussi donné quelques frissons, je l'avoue. Cela ressemblait à la voix vacillante d'une petite fille qui soufflait nerveusement quelque chose du genre: "Que faites-vous ici? Êtes-vous ici pour me voir? Pourquoi?"»

Le calme après la tempête

Après cette écoute révélatrice, l'équipe de Fantôme Montréal en conclut qu'une entité très jeune erre bel et bien dans cette grande maison ancestrale mais qu'à sa façon de réagir à leur présence, elle ne semble pas malheureuse ni agressive. Par contre, après avoir fait part de leur évaluation des lieux à Johanne par courriel, Nicole et Jacques n'ont pas d'autres nouvelles d'elle. Ils aimeraient pourtant y retourner, apporter une poupée à l'enfant fantôme dans l'espoir de l'attirer et d'établir un contact plus intime avec elle.

 «Il ne se passe plus rien. Le calme semble revenu. Le chien monte même à l'étage maintenant. Merci de votre venue. Ce fut apprécié. »

Comme il n'est pas aisé de communiquer avec l'agente de sécurité du fait que son conjoint n'est pas au courant de leur visite, ils n'insistent pas. Pourtant, le frère et la sœur sont un peu inquiets. Après avoir été bousculée par la visite de Fantôme Montréal et l'utilisation de leurs appareils, l'enfant pourrait en venir à embêter un peu plus Johanne. Or, quelques semaines plus tard, celle-ci leur envoie un simple courriel: "Il ne se passe plus rien. Le calme semble revenu. Le chien monte même à l'étage maintenant. Merci de votre venue. Ce fut apprécié.»

Nicole et Jacques n'auront pas d'autres nouvelles...

On veut lui arracher le cœur

En juillet 2010, Philippe (*nom fictif*) achète une belle grande maison en pierres des champs dans la campagne au nord de Montréal.

 Il a beau se dire qu'il n'a pas peur, mais là, il ne sait que faire de ces curieux phénomènes.

L'homme vient à peine d'emménager qu'il entend à l'étage des bruits évoquant quelqu'un qui saute sur place à pieds joints. Philippe est lui aussi un agent de sécurité, un homme très costaud qui n'a peur de rien. Sans hésiter, il se précipite donc à l'étage afin de surprendre l'intrus. Rien ni personne ! Pourtant, des bruits de pas résonnent à l'étage dès qu'il redescend.

Il a beau se dire qu'il n'a pas peur, mais là, il ne sait que faire de ces curieux phénomènes. Il tente d'associer certains des bruits à des craquements de clous dans les murs – la maison n'est pas jeune –, mais il en doute.

Il finit par demander une lecture des lieux à une médium, qui lui dit percevoir la présence du spectre

d'une femme. Les propos de la médium corroborent un rêve que Philippe a fait, qui mettait en scène une dame vêtue d'une longue robe beige des années 1960 ou 1970 qu'il apercevait dans l'escalier du sous-sol. Était-ce cette même dame pressentie par la médium?

Que faire de tout cela? Surtout que les manifestations en viennent à s'accentuer gravement. Un soir, Philippe subit une pression fort désagréable sur la poitrine. Pire encore, il a tout à coup l'impression fulgurante qu'une main pénètre en lui pour tenter de lui arracher le cœur.

Une vive sensation de brûlure lui traverse instantanément le corps. Ça ne va vraiment pas bien!

Mystérieux "walk-in"

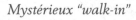

Entre-temps, Philippe rencontre une jeune femme avec qui il se lie. La première fois qu'il l'invite à la maison, elle lui fait part de sa grande sensibilité envers l'au-delà.

De fait, elle sent d'étranges choses dans la résidence de son nouvel amoureux et certaines pièces la troublent. À l'étage, une immense penderie de style "walk-in" la rebute systématiquement. Elle préfère ne pas y entrer.

Elle entend elle aussi des sons étranges, dont des bruits de pas. Rien ne va plus! Philippe sait maintenant qu'il n'est pas fou. Ils sont deux à être témoins des mêmes phénomènes.

L'agent de sécurité décide de faire venir l'équipe de Fantôme Montréal pour qu'elle enquête sur ces manifestations. Nous sommes en octobre, le temps est superbe et doux. Jacques, Nicole et Daniel se déplacent pour l'occasion. Au départ, ils discutent longuement avec le propriétaire. Ils constatent que cet homme baraqué n'est pas du genre à s'effrayer pour un rien. Il semble pourtant ébranlé. «Nous avons réparti nos magnétophones et caméras infrarouges dans les différentes pièces, en prenant soin d'en mettre entre autres dans la pièce énigmatique à l'étage ainsi qu'au sous-sol», relate Jacques.

 «L'avantage de travailler avec une caméra infrarouge filmant en continu, c'est que non seulement elle capte tout, mais en plus elle nous fait savoir si elle perçoit quelque chose, car elle est munie d'un détecteur de mouvements. Dans un coin du viseur, elle affiche alors un petit bonhomme pour nous en aviser. C'est un outil indispensable! Idéalement, l'un de nous reste toujours devant l'écran de l'ordinateur, qui montre le viseur de la caméra, au cas où il y ait une telle captation en direct.»

Jacques Poirier

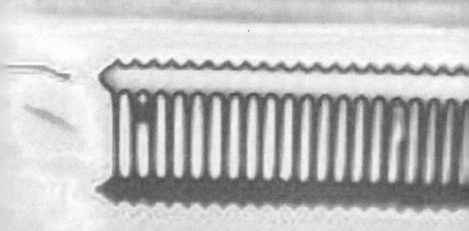

« Shut up ! »

Fait étonnant, le chien de Philippe, un impressionnant animal, circule partout dans la vaste demeure et ne semble rien flairer d'inquiétant. Pourtant, les chiens ont habituellement une excellente acuité pour ces phénomènes…

Jacques descend au sous-sol en pleine noirceur, en s'éclairant d'une lampe de poche.

 « Dès l'instant où je me suis retourné, un frisson instantané m'a glacé de la tête aux pieds. »

Il se promène un peu et finit par s'asseoir sur un fauteuil face à un petit tabouret. Il pose les questions usuelles et prend quelques photos. Et tout à coup… « J'ai soudain entendu un bruit en provenance du fond du sous-sol, d'une petite pièce en retrait. Je me suis élancé en cette direction tout en prenant des photos autour de moi. Je suis arrivé près de ce recoin jonché d'articles divers et de morceaux de bois. Rien ne pouvait expliquer ce bruit. J'ai décidé de retourner à mon fauteuil.

Dès l'instant où je me suis retourné, un frisson instantané m'a glacé de la tête aux pieds. Je ne me suis vraiment pas senti bien et j'ai décidé de monter rejoindre les autres. Avant de me lever, j'ai quand même pris le temps de dire : "Je vais quitter la pièce, alors vous pouvez en profiter en mon absence pour me laisser un message. Le petit bidule sur le tabouret va enregistrer ce que vous avez à me dire. Je vais revenir tantôt." J'ai remonté les escaliers d'un pas rapide. Eh bien, sur l'enregistrement amplifié qu'on a écouté par la suite, on entend, juste avant que je referme la porte, d'abord mes pas qui montent, ensuite la porte que j'ouvre, mais aussi un surprenant murmure qui souffle le mot "Quiet !" [Silence !], puis un long soupir, deux bruits tels des petits coups donnés sur le mur et enfin le son de la porte que je referme derrière moi.

Sur l'enregistrement, d'autres paroles sont ensuite prononcées, difficile à reconnaître, mais qui pourraient ressembler à "Don't talk!" [Ne parle pas!] ou "Shut up!" [Tais-toi!]. »

 «Au milieu de la soirée, la copine du propriétaire des lieux s'est aussi rendue à notre demande pressante dans la grande penderie, le fameux "walk-in". Une caméra infrarouge filmait continuellement cette pièce. On y voit la jeune femme s'avancer, reculer d'un pas, avancer de nouveau et reculer de deux, plus brusquement encore! Quelques minutes plus tard, elle allait nous dire avoir eu la sensation d'être poussée hors de la penderie par une force invisible ayant brutalement posé ses mains sur ses épaules. »

Des objets déplacés

Au cœur de la soirée, Jacques et Nicole ont l'intuition que l'énergie perçue sur place est beaucoup plutôt masculine que féminine. Ils poursuivent leur enquête. À un moment donné, Jacques est au rez-de-chaussée avec Daniel alors que Nicole est seule à l'étage. Assise dans l'une des chambres, elle entend marcher dans la pièce à côté. Nicole nous raconte la suite. «J'étais certaine que Jacques venait de monter à l'étage et qu'il marchait dans la pièce. J'ai quand même demandé si c'était lui qui était là. Pas de réponse. Je me suis levée en posant la question un peu plus fort. Il m'a répondu mais... d'en bas! Il n'était pas venu en haut depuis un bon bout de temps. Or, encore plus étrange, c'est que ce bruit n'est pas perceptible sur la bande sonore de mon enregistrement écouté plus tard.

 «J'ai entendu des bruits de grosses boîtes ou de gros objets qu'on traînait sur le plancher. Ce n'était vraiment pas vous?»

À un autre moment, je suis allée rejoindre Jacques au rez-de-chaussée alors que Daniel se dirigeait vers l'étage supérieur. Nous regardions les images diffusées en direct sur l'ordinateur. Daniel est soudain redescendu, l'air inquiet. "Vous n'êtes pas montés à l'étage?" Non, que nous lui avons répondu. "Mais alors, qu'est-ce que c'était? J'ai entendu des bruits de grosses boîtes ou de gros objets qu'on traînait sur le plancher. Ce n'était vraiment pas vous?" Sur l'enregistrement, des sons lointains corroborent ses dires.»

Intéressantes conclusions

Bien qu'ils aient envie de continuer l'enquête, les membres de Fantôme Montréal doivent quitter les lieux car le propriétaire travaille le lendemain. Déçu de ne pouvoir prolonger leur investigation, le trio s'en va, convaincu qu'il se passe bien des choses étranges dans cette demeure. Quelques jours plus tard, l'équipe retourne rencontrer le propriétaire

 Une présence masculine dominatrice y fait la loi et bouscule les autres entités.

pour lui faire part de ses conclusions. Elle a bien entendu des sons, des voix, et sa copine semble bien avoir été poussée par une force invisible.

Il est fort possible que plusieurs entités dont celle d'une femme plus protectrice gravitent là, alors qu'une présence masculine dominatrice fait la loi et bouscule les autres entités tout comme les humains qu'elle côtoie.

Les fameux "Quiet!" et "Shut up!" proviendraient de celui qui imposerait le silence aux autres pour qu'ils ne prennent pas contact avec nous. Philippe ne paraît pas si étonné, car on lui confirme enfin ce en quoi il croyait. Sa maison est hantée. Tout ce que Fantôme Montréal espère, c'est pouvoir retourner sur place pour y capter des manifestations encore plus tangibles ou, s'il préfère, y faire un rituel de purification.

Le rituel de purification

Quelques jours plus tard, Fantôme Montréal met en place un rituel de purification mené par Nicole à la demande de Philippe. «Comme la maison avait beaucoup de petites pièces, cela m'a pris deux bonnes heures. Je débute toujours de la même façon, par les pièces supérieures situées à l'est, pour poursuivre dans le sens des aiguilles d'une montre. Dans chacune des pièces, j'ouvre les fenêtres, je fais brûler

de la sauge et j'en disperse la fumée partout, jusque dans les garde-robes, en agitant une plume d'aigle (ou d'un autre oiseau) au-dessus de la sauge fumante.

Je fais une invocation où j'explique aux entités présentes qu'elles sont perdues. Je les invite à prendre le chemin divin de la lumière, cette autre partie incomplète de leur voyage dans l'au-delà. Je leur souligne que les êtres décédés qui les aiment les attendent en cet endroit serein. Elles n'ont pas

 «Une foule d'images noires bizarres lui sont soudain venues en tête.»

à s'inquiéter, il n'y a pas de punition ni d'enfer au bout de ce voyage mais une grande paix, de l'amour et de la compréhension. Quand le rituel est accompli dans une pièce, je ferme la fenêtre et je mets une traînée de sel devant chaque ouverture, porte et fenêtre et dans chaque coin.

Parvenue au sous-sol de la maison ce jour-là, j'ai visité toutes les petites pièces de rangement et il y en avait plusieurs. Or j'ai découvert, dans le fameux recoin rempli de planches et d'objets divers, un petit cheval de bois à bascule. Il avait l'air très ancien. Il était coincé et émergeait entre deux bouts de bois. Je n'aimais pas ce que je ressentais. Je l'ai pris dans mes mains, je l'ai observé et l'ai reposé par terre. Ce qu'il dégageait n'était vraiment pas agréable.

Jacques non plus ne l'aimait pas, au point de dire qu'il devait être jeté. Une foule d'images noires bizarres lui sont soudain venues en tête en le prenant dans ses mains. Ses pensées se sont imprégnées d'une personne malheureuse cloîtrée dans une pièce. Il ne savait pas quoi déduire de ces images spontanées, mais il avait l'impression que le petit cheval en était la cause. Nous l'avons tout de même laissé à sa place et j'ai terminé le rituel. On a ensuite rejoint le couple à la cuisine. J'ai demandé à Philippe si le petit cheval de bois était un de ses jouets d'enfance. Il m'a dit : "Quel cheval de bois ? Je ne sais pas de quoi tu parles." Nous sommes descendus tous ensemble en bas pour voir le curieux objet. Il ne l'avait jamais vu et sa copine non plus, mais elle a insisté aussitôt pour s'en débarrasser. Ce qu'ils ont fait sur-le-champ en le brûlant à l'extérieur. Il était évident que nous ressentions tous la même désagréable sensation face à cet objet ancien.

Nicole n'aimait vraiment pas ce que dégageait ce petit cheval de bois qu'elle a découvert au sous-sol.

Pouvait-il être à la base de la hantise des lieux? Il arrive parfois que des entités s'agrippent à un objet quelconque qui faisait partie de leur existence de leur vivant.

Nous avons quitté le couple après avoir terminé le rituel. Nous avons précisé à Philippe et sa copine qu'ils devaient nous appeler aussitôt si d'autres phénomènes se manifestaient. Mais, à notre grande satisfaction, nous n'avons jamais eu d'autre appel de leur part. Ça semble donc un bon signe!»

 «Le sel a la propriété d'absorber les énergies négatives. Je demande aux occupants de la maison de laisser ce sel sur le sol pendant trois jours. Ensuite, je leur explique qu'il est essentiel de jeter ce sel le plus loin possible de la maison, dans un lieu isolé de tout.»

Sous l'emprise d'un fantôme

Geneviève et Marc (*noms fictifs*) viennent d'emménager dans un nouvel appartement d'un immeuble des années 1950, dans un vieux quartier de l'est de Montréal. C'est un quatre-pièces minuscule. Le couple a une petite fille.

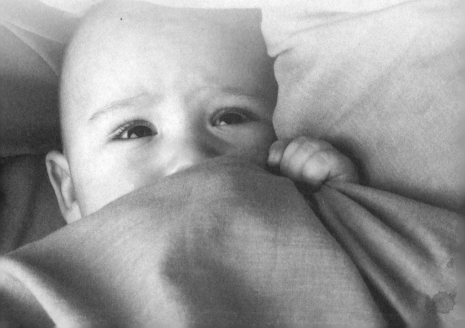

Toutes les nuits, l'enfant hurle dramatiquement, au grand désespoir de ses parents. Pourtant, quand elle se trouve ailleurs, par exemple chez ses grands-parents, elle sommeille calmement et profondément. Les parents dorment mal, surtout qu'en plus ils entendent des bruits sournois indéfinissables dans l'appartement. Ils sont tendus. Ils se chicanent de plus en plus souvent. Un soir que Marc regarde la télé, il aperçoit du coin de l'œil une ombre immense dans le cadre de la porte du salon. Il se retourne en direction de la silhouette, mais elle est déjà disparue.

Où est l'enfant?

Pour sa part, comme Geneviève est en congé de maternité, elle demeure à la maison. Il arrive souvent qu'elle ne se sente pas bien, comme si on l'observait. Jacques nous donne plus de détails sur ce cas étrange. «C'est certainement l'anecdote la plus fascinante qu'on m'ait racontée. La

«Comme si quelqu'un prenait conscience de l'absence de l'enfant, mais revenait toujours dans sa chambre en espérant qu'elle soit revenue.»

petite hurlait depuis plusieurs nuits, le couple ne savait plus quoi faire. Tout le monde était épuisé. Les parents avaient donc décidé d'aller faire garder leur bébé chez grand-maman pour revenir dormir seuls à la maison. Quelques jours plus tard, la voisine d'en-dessous leur a demandé ce qui avait bien pu se passer dans la chambre de la petite cette nuit-là. Sa chambre à elle était juste sous celle de l'enfant. Au-dessus de sa tête, la dame avait entendu des pas déambuler du passage à la chambre du bébé et refaire ce parcours sans cesse. Continuellement, pendant plus de deux heures. Et ce n'était pas de petits pas légers, mais des pas lourds et nerveux. Comme si quelqu'un prenait conscience de l'absence de l'enfant, mais revenait toujours dans sa chambre en espérant qu'elle soit revenue.»

Pourtant, de leur côté, Geneviève et Marc avaient dormi comme des marmottes sans se lever une seule fois cette nuit-là...

Est-ce dans sa tête?

Désemparée, Geneviève cherche de l'aide auprès de Fantôme Montréal. On est en plein mois d'août d'un été cuisant. Nicole, Jacques et Daniel vont rencontrer la jeune femme un soir de fin de semaine. Au départ, Jacques la trouve hyperactive et très nerveuse. Les investigateurs poursuivent les procédures d'enquête. En direct, ils ne perçoivent rien. Nicole se rappelle cette enquête déroutante. «Nous nous disions que les insomnies du bébé étaient peut-être simplement liées à son absorption de l'extrême nervosité de sa mère. C'est ce que nous pensions au départ, en tout cas. Mais un de nos enregistrements a chamboulé notre première impression.»

Illusion d'optique?

«La paréidolie est une illusion créée par le besoin de notre cerveau de distinguer des formes connues dans des images vagues ou ambiguës. Par exemple, distinguer des objets ou des visages dans la forme des nuages ou dans un rocher. Cette fonction de notre cerveau peut souvent nous induire en erreur et nous faire voir des choses précises là où il n'y a que des jeux d'ombres. Dans nos enquêtes, nous devons être très prudents face à cette illusion et toujours faire valider notre interprétation par nos équipiers[17].»

Jacques Poirier

«*Je veux partir!*»

L'un des enregistrements comporte une preuve sonore effarante. En plus d'un son similaire à une pièce d'étoffe déchirée, une voix féminine semble chuchoter dans un long souffle: «Je veux partir!» Est-ce agressif ou anxieux? Les membres de Fantôme Montréal ont du mal à saisir l'intention du propos, mais il est bien là, immortalisé sur l'enregistrement. «L'enfant percevait probablement cette énergie négative plutôt sournoise qui le surveillait, commente Nicole. Notre intuition de départ était fausse. Nous

 «Elle avait aussi perçu la présence d'un chien fantôme, autrefois battu à mort dans cet appartement. »

étions en présence d'un autre cas de hantise. Entre-temps, Geneviève avait aussi eu, de la part d'une médium, la confirmation d'une présence malsaine, masculine par contre, qui drainait l'énergie positive de l'enfant.

Elle avait aussi perçu la présence d'un chien fantôme, autrefois battu à mort dans cet appartement. C'est là que j'ai pu associer à de possibles griffes de pattes animales sur le plancher certains petits bruits indéfinis entendus sur l'enregistrement audio.

Avec l'accord du jeune couple, nous sommes donc retournés sur place pour procéder au nettoyage purificateur. Deux semaines plus tard, Jacques a reparlé à Marc. Le jeune homme lui a confirmé le retour tant espéré du calme dans leur vie. "On dirait qu'on n'habite plus dans le même appartement tellement c'est redevenu tranquille! Notre bébé fait toutes ses nuits, on n'entend plus un seul bruit suspect, l'ambiance dans la maison a complètement changé!" lui a-t-il dit avec grand soulagement. Nous étions contents d'avoir persévéré dans cette enquête. Ça avait vraiment valu la peine. Nous avons eu le sentiment d'avoir sauvé leur couple!»

 ### Le chat fantôme du Vieux Palais de Justice

Comme nous l'avons vu plus tôt, le Vieux Palais de Justice de L'Assomption[18] jouit de toute une réputation. Il serait extrêmement hanté. Comme bien d'autres chasseurs de fantômes, Nicole et Jacques y ont été témoins de manifestations tout à fait surprenantes. Alors que le duo de Fantôme Montréal circulait au sous-sol, il a notamment entendu le doux miaulement d'un chat qui semblait s'amuser avec des billes. Ce son a été immortalisé sur bande audio. Il n'y avait pourtant aucun chat dans la pièce. On leur a appris plus tard qu'un cimetière pour animaux existait autrefois de l'autre côté de la rue!

Les nombreux fantômes du Club 1234

D'une grande richesse en phénomènes inexpliqués, le Club 1234 de Montréal constitue un cas de hantise assez unique. L'équipe de Fantôme Montréal y a consacré plusieurs heures et son enquête fut palpitante. Découvrons ce lieu tant convoité par les chasseurs de fantômes.

L'immeuble du 1234, rue de la Montagne, à Montréal, est érigé en 1859 pour monsieur David R. Wood. En 1874, le bâtiment est vendu à Sir Alexander Galt, une personnalité bien connue à l'époque.

Sir Alexander Galt, personnage politique important, achète le bâtiment en 1874.

Un salon funéraire a occupé l'espace jusqu'en 1977.

M. Galt, homme d'affaires et personnage politique, a été l'un des pères de la confédération et haut-commissaire du Canada au Royaume-Uni. Les lieux sont vite baptisés «Maison Galt». En 1901, huit ans après le décès de Sir Galt, Joseph Wray achète la résidence dans le but de la transformer en salon funéraire. L'année 1928 voit les lieux transformés par d'importantes modifications architecturales. On aménage notamment la structure circulaire de sa façade, originalité de ce bâtiment, toujours apparente de nos jours.

La famille Wray y exploite le salon funéraire jusqu'en 1977, année de sa vente pour la création d'une boîte de nuit. Celle-ci ferme ses portes au milieu des années 1980, et elle est remplacée par une autre boîte de nuit qui subsistera jusque dans la seconde moitié des années 1990. Plusieurs efforts de revitalisation sont ensuite tentés au début des années 2000, laissant pourtant les lieux inoccupés quelque temps[19].

Certains soirs, des employés du club disent voir rôder des silhouettes étranges ou percevoir des bruits bizarres.

Depuis 2004, après d'autres transformations, un nouveau club habite l'espace... peut-être devrait-on plutôt dire «cohabite», car il s'y trouverait, semble-t-il, une horde de fantômes qui hantent de façon très manifeste cette vaste demeure historique. Certains soirs, des employés du club disent voir rôder des silhouettes étranges ou percevoir des bruits bizarres. Mis au courant de ces manifestations, Nicole et Jacques se rendent sur place, en accord avec le propriétaire, afin d'enquêter sur ces phénomènes étranges. Ce qu'ils y découvrent dépasse leurs espérances.

Il faut savoir que le propriétaire du Club 1234 a préservé certains aspects des lieux d'autrefois.

L'ancienne chapelle du temps où l'édifice abritait encore un salon funéraire.

Les vitraux sont intacts, le DJ s'active au balcon du jubé et la scène pour les orchestres se trouve à l'emplacement même de l'ancien autel de la petite chapelle d'antan. On a

 «Cette jeune femme aurait-elle été poussée par une entité malveillante? Le mystère perdure!»

également conservé la structure extérieure. Jacques nous parle d'un drame survenu justement sur le balcon, toujours accessible.

«Il y a quelques années, alors que la discothèque était remplie à craquer, une jeune fille serait étrangement tombée du toit. La demoiselle travaillait au restaurant d'à côté. Sans que personne ne puisse s'expliquer comment elle a pu réussir cela, elle se serait faufilée à travers l'entretoit séparant le restaurant de la discothèque, aurait ouvert un vitrail à cette hauteur du bâtiment et serait tombée de cette hauteur sur le balcon. Des employés du club l'ont attrapée de justesse dans sa chute, évitant le pire. Des témoins ont même raconté l'avoir vue tomber de cet endroit comme si quelqu'un l'avait poussée. À la suite de cet étrange incident, la jeune femme avait le corps tout égratigné et ses propos étaient totalement incohérents. Elle n'arrivait pas à expliquer ce qui venait de lui arriver. Et tous s'entendaient pour dire qu'il n'y avait absolument personne là-haut près d'elle à cet instant...»

Par contre, aucun document existant ne confirme ce fait. Est-ce une légende urbaine? Est-ce vrai? Cette jeune femme aurait-elle été poussée par une entité malveillante? Le mystère perdure!

Un petit incendie suspect

Le 20 mars 2010, Nicole et Jacques se rendent donc une première fois au Club 1234, question de se familiariser avec l'endroit et de se faire connaître du propriétaire. Ils explorent rapidement les lieux pour vite convenir que cela vaut la peine d'y revenir pour plus longtemps dans le but d'approfondir ce que Jacques y perçoit déjà.

«Le soir même juste après notre passage, il s'est produit un phénomène bien singulier.

 «Les fantômes n'avaient peut-être pas apprécié notre petite investigation…»

Un petit incendie s'est déclaré bizarrement dans le coin d'une fenêtre.

La cause en est restée plus que nébuleuse. J'ai même pris une photo quand nous y sommes retournés. Autre événement advenu cette même nuit, la canalisation de la toilette des hommes s'est soudainement brisée et il y a eu un important dégât d'eau au sous-sol. Là non plus, on n'a pas pu déterminer l'origine précise de cet incident, si bien que le propriétaire s'est amusé à nous dire que les fantômes n'avaient peut-être pas apprécié notre petite investigation et l'avaient ainsi démontré! Il hésitait même à nous accueillir à nouveau!»

Étrangement, un petit incendie se déclare dans le coin d'une fenêtre du club sans qu'on en comprenne l'origine.

Des sons étranges

Finalement, trois mois plus tard, au cours de la nuit chaude du 14 juin, Jacques et Nicole ont la permission de retourner au Club 1234 après la fermeture du club pour y enquêter

 «Quelle surprise j'ai eue quand nous avons écouté l'enregistrement de retour à la maison!»

durant quelques heures en présence de l'assistant-gérant. Comme il est très perceptif, Jacques ressent une activité paranormale généralisée dès son arrivée. Le frère et la sœur se déplacent lentement d'une pièce à l'autre.

À plusieurs reprises, tout au long de cette nuit énigmatique, tous les deux ont la sensation d'être observés, et ce, dans différents secteurs du club, que ce soit dans le bureau administratif, la salle de danse, le grenier et la salle de bain des femmes. Ils perçoivent même des respirations sourdes à quelques moments, notamment au pied de l'escalier menant au balcon.

Au cours de la nuit, Nicole s'assoit toute seule dans le salon VIP et actionne son magnétophone numérique qu'elle dépose juste derrière elle. Si elle avait su! «Je parlais doucement, invitant les entités à se manifester, je les invitais à me dire qui elles étaient, à prendre contact avec moi. Mon magnétophone fonctionnait. Je ne le tenais pas dans mes mains pour ne pas brouiller l'enregistrement par un mouvement quelconque. Je n'entendais absolument rien. Il ne faut

pas oublier que parfois notre oreille ne capte pas certaines basses fréquences qu'un appareil numérique est en mesure de nous faire entendre, lui, quand on amplifie le son. Quelle surprise j'ai eue quand nous avons écouté l'enregistrement de retour à la maison! On y entendait un grognement sourd très évident. Je ne l'avais carrément pas perçu sur place, et c'est probablement mieux ainsi, car j'aurais sûrement été ébranlée par cette présence toute proche.»

Des bruits suspects

L'assistant-gérant d'abord très sceptique face à ces phéno-mènes paranormaux va petit à petit, au cours de la nuit, se poser de sérieuses questions au sujet de leur possible exis-tence. Jacques explique. «À un certain moment, alors que je me trouvais avec lui près du bar dans la salle de danse, on a entendu tous les deux bien clairement un bruit sec en

 «L'assistant-gérant ne cessait de regarder partout autour de lui, cherchant ce qui avait pu causer ce son, tout en répétant : "Non! Non! Non!"»

provenance de l'entrée du club. À part Nicole qui se trouvait dans une autre pièce à l'opposé de cet endroit, il n'y avait personne d'autre avec nous. Je me suis donc précipité pour aller constater ce que c'était, alors que l'assistant-gérant me suivait derrière à un rythme un peu moins rapide! Dans l'entrée, il n'y avait rien, on ne voyait rien et rien n'avait bougé. Le bruit évoquait mystérieusement le glissement d'un lourd objet sur le sol. Mais rien, rien n'avait pourtant remué dans cette pièce. Il y avait plusieurs chaises empilées les unes sur les autres.

J'ai bougé l'un de ces montages de chaises et le son entendu était bien similaire à ce qu'on avait entendu. Mais qui avait pu faire bouger ça? Il n'y avait personne d'autre sur place que nous. L'assistant-gérant ne cessait de regarder partout autour de lui, cherchant ce qui avait pu causer ce son, tout en répétant : "Non! Non! Non!"»

Un autre événement va encore ébranler ses convictions quelques minutes plus tard. Alors que Nicole est au sous-sol dans les toilettes des filles, Jacques et l'homme vont entendre, cette fois-ci en provenance du balcon de la salle de danse, un son s'apparentant à celui de l'impact d'une petite roche qui heurte le sol et rebondit à quelques reprises. Qu'est-ce que ça pouvait être? Ils n'en ont aucune espèce d'idée et la chose ne se reproduira pas pour leur permettre d'en juger clairement.

Une forme d'énergie

« Ce pouvait être un concentré d'énergie spectrale, c'est-à-dire un fantôme qui se matérialisait. »

Observez l'étrange voile qui apparaît en haut à gauche de l'image.

Jacques continue de déambuler dans les autres pièces du club en prenant soin d'immortaliser l'investigation à l'aide du plus de photos possible. L'une d'entre elles prise dans le bureau, au sous-sol, lui révélera un phénomène qui l'intrigue encore beaucoup.

«Juste au-dessus du bureau de travail, on distinguait un voile blanc pareil à une fumée vaporeuse flottant dans l'air. Ce pouvait être un concentré d'énergie spectrale, c'est-à-dire un fantôme qui se matérialisait. Et on a expérimenté une autre chose étrange dans cette même pièce. J'ai laissé un magnétophone en marche sur une table. Le voyant lumineux confirmait le fonctionnement de l'appareil. Pourtant,

«Certains disaient avoir entendu un enfant chanter en provenance d'une salle de toilette.»

à mon retour une trentaine de minutes plus tard, le magnétophone était arrêté et n'avait pas capté une seule seconde du son ambiant. Bon, avais-je mal appuyé sur le bouton d'enregistrement?

Mais si ce n'était pas le cas, que s'était-il réellement passé en notre absence?» Et Nicole d'ajouter: «Un des employés qui travaillait dans ce bureau a prétendu qu'il s'y passait souvent des choses incompréhensibles. L'un des néons du plafond, même si on l'éteignait, passait son temps à s'allumer régulièrement quand même.

En plus, certains disaient avoir entendu un enfant chanter en provenance d'une salle de toilette située juste à côté de cette pièce. Or, au sous-sol de cet ancien salon funéraire, avait déjà été aménagée la salle d'embaumement et la morgue où l'on couchait les dépouilles le temps d'en prendre soin...»

Le corridor du Club 1234 qui mène à la salle de bain où de nombreux phénomènes étranges ont été rapportés.

Présence dans les toilettes

Au sous-sol, les toilettes des femmes réservent aussi une surprise aux deux enquêteurs. Des employés leur ont raconté que certaines filles s'étaient déjà plaintes d'avoir la sensation qu'une main invisible se glissait dans leurs cheveux ou leur tirait une couette quand elles étaient à cet endroit. Nicole nous en dit un peu plus long. «Je suis donc allée m'installer là un certain temps, bien tranquille. Je ne ressentais rien. Toutefois, un phénomène étrange s'est produit par la suite. Après mon départ, Jacques a laissé son magnétophone en marche sur le comptoir entre deux lavabos. Lui et l'assistant-gérant ont ensuite quitté la pièce pour une trentaine de minutes.

Sur l'enregistrement qu'on a écouté par la suite, on entendait très bien le mouvement du trousseau de clés de l'assistant-gérant qui s'éloignait ainsi que les bruits de pas des deux hommes, puis le silence complet. On y captait quelques petits sons ambiants bien faibles, difficiles à identifier, mais aussi certains autres extrêmement étonnants.

À quelques reprises, des sons ressemblaient étrangement à des soupirs. C'était vraiment intrigant. L'un de ces soupirs semblait même se terminer par un râlement de femme.

Ces manifestations sonores enregistrées venaient corroborer plus encore notre sentiment que plusieurs entités étaient bel et bien actives au Club 1234 et principalement dans cette salle de bain. Par contre, nous n'y ressentions rien d'agressif, même si ces présences de l'au-delà témoignaient probablement leur mécontentement de voir leur univers envahi par tant de gens chaque soir.»

 «Il faut énormément d'énergie à une entité pour pouvoir faire bouger un objet réel dans ce monde-ci, pour s'y manifester. Alors quand on sent quelque chose, c'est que la quantité d'énergie que cet être déploie est extrêmement importante. »

Des cintres qui bougent tout seuls

Il existe également au sous-sol du Club 1234 une petite pièce qui sert de vestiaire de réserve en période de grande affluence. Jacques et Nicole vont aussi y jeter un œil. Jacques nous parle d'un autre phénomène singulier. «Dans ce tout petit local qui était probablement l'ancienne salle

d'embaumement, était entreposé entre autres un support à vêtements auquel étaient suspendus quelques cintres.

Nous avons activé notre magnétophone et avons tenté d'établir le contact comme à l'habitude. Il ne se passait rien.

J'ai alors pensé de proposer à toute entité sur les lieux de témoigner de sa présence en remuant un cintre sur le support. Toujours rien. Le silence complet. Nous nous sommes alors éloignés en espérant que les visiteurs occultes seraient ainsi moins timides... Eh bien, en écoutant notre enregistrement, on a clairement entendu le bruit d'un cintre qui en heurte un autre. Quelque chose ou quelqu'un avait bel et bien fait bouger ce cintre et ce n'était pas nous, ni aucune autre personne vivante!»

Le donjon

Nos chasseurs de fantômes ne sont pas au bout de cette soirée mémorable. Dans le même coin du sous-sol, une pièce adjacente au vestiaire de réserve et encore moins fréquentée par les employés sert de salle d'entreposage de matériel saisonnier, comme les décorations de Noël. Les employés l'ont surnommée «le donjon» car tous craignent d'y mettre les pieds et n'y vont que par obligation. Mais cela ne rebute surtout pas nos deux détectives. Nicole élabore. «On a découvert que ce lieu avait aussi servi à l'entreposage des produits d'embaumement à l'époque du salon funéraire. Jacques y a fait une visite en compagnie de l'assistant-gérant. Au mur, il y avait des armoires à deux portes légèrement entrouvertes. Jacques a laissé son magnétophone en marche sur une chaise installée en travers de la porte de façon à éviter qu'elle ne se referme. Tous deux ont ensuite quitté la pièce. À l'écoute de l'enregistrement plus tard, on a bien entendu leurs pas qui s'éloignaient, le bruit de la porte en haut de l'escalier qui se refermait, puis le silence. Et soudain, après un long silence, il y a eu un bruit étonnant, distinct et prompt, celui d'une porte qui claquait très fort. Comme si quelqu'un l'avait fermée violemment.» Jacques analyse ce fait pour nous. «À notre retour dans la pièce, j'avais tout de suite remarqué que l'une des deux portes d'armoire n'était plus ouverte dans le même angle qu'avant. Mais bon, à ce moment-là, on ne savait pas encore ce qu'allait révéler l'enregistrement. Ce qu'on y a entendu, c'est comme si la porte avait rebondi et avait terminé son élan dans une autre position. Il s'était donc passé quelque chose de mystérieux en notre absence. Et il faut préciser que c'est dans une partie du sous-sol où il n'y a aucun courant d'air, ni fenêtre ni système de ventilation qui pourrait faire un bruit ressemblant à cela. Ce que l'on a enregistré est totalement inexplicable. »

 «Beaucoup de gens ont peur des fantômes. Moi, je pense que les fantômes ont tout aussi peur de nous. Ils se demandent certainement ce qu'on fait là. On n'ose pas les provoquer, ils n'osent pas nous provoquer. C'est comme ça que je vois ça. »

Une entité visible au grenier

Nicole et Jacques décident d'aller explorer le grenier inoccupé. Une surprise les y attend. Dès qu'il passe la tête au-delà de la trappe alors qu'il est debout sur un escabeau, Jacques ressent une vive sensation de froid l'envelopper quelques secondes. «J'ai eu l'impression que ça me traversait systématiquement le corps. Pourtant, il était bien loin de faire froid dans ce grenier, au contraire, c'était le début de l'été. » En haut, Jacques prend également beaucoup de photos.

L'une des photos prises au grenier par Jacques Poirier.
Seraient-ce des orbes que l'on y voit flotter dans l'air?

Il perçoit une présence comme dans bien autres pièces du club. Nicole, de son côté, expérimente également quelque chose d'étrange. «Je marchais dans un coin du grenier quand j'ai entendu un soupir. C'était très clair. Juste à côté de moi. Je me suis retournée, il n'y avait pourtant rien.» Jacques éprouve la même sensation singulière en circulant ici et là dans le grenier. Les deux chasseurs de fantômes se verront ensuite confirmer leurs étranges impressions en se plongeant dans l'analyse de leurs photos à leur retour à la maison. Sur l'une d'entre elles, dans l'ombre, se découpe la mystérieuse silhouette d'un visage spectral qui les observe froidement, entre deux poutres du plafond.

Une créature étrange

Lors d'une des visites subséquentes des enquêteurs au Club 1234, Jacques a aussi pris le temps de jaser avec des employés. Certaines de leurs histoires donnent des sueurs froides. L'une implique deux employés qui ne travaillent plus au club depuis cet événement. Vous comprendrez pourquoi!

Il existe une petite cour extérieure entourée des murs du bâtiment où les employés se rendent pour fumer à l'occasion. Le seul accès à cet espace est un escalier donnant sur un couloir qui mène à la salle de danse. Dans la

Le corridor qui donne accès à la petite cour intérieure.

cour, il y a un bac de recyclage. Une nuit, deux employés ont eu la frousse de leur vie. Le club est rempli à craquer et ils se rendent dans la cour un instant pour se relaxer et se rafraîchir un peu. Mais ce qu'ils vont y vivre va les perturber. «Les deux gars s'étaient assis là et s'étaient allumé une cigarette. Tout à coup, l'un d'eux a dit tout haut:

 «Et soudain, quelque chose de très bizarre est sorti de derrière le bac de recyclage...»

"Hé, y a quelqu'un, là..." L'autre a regardé dans la direction indiquée et a ajouté: "Ben oui, on dirait deux yeux." Et il a crié: "Qui est là, sortez de là, c'est pas une blague à nous faire."

Et soudain, quelque chose de très bizarre est sorti de derrière le bac de recyclage, a sauté sur le bac et s'est mis à grimper à une vitesse hallucinante sur le mur de briques pour déguerpir dans la noirceur vers le haut du bâtiment.

Terrorisés, les gars ont décrit ce qu'ils avaient vu comme un petit être grand comme un enfant de 8 à 10 ans mais dont le corps était recouvert de poils. Ils étaient certains que ce n'était pas un être humain. Le lendemain de cette terrifiante aventure, les deux employés ont donné leur démission et ne sont jamais retournés sur les lieux! On ne sait toujours pas ce qu'ils ont vu et c'est un autre mystère qui plane au Club 1234.»

Une bière qui s'envole

Une autre histoire recueillie par Jacques implique cette fois deux gardiens de sécurité. Nous sommes un soir d'été, à la

 «La bouteille de bière s'est soulevée pour aller subitement s'éclater sur le mur du bar non loin d'eux...»

fin de la nuit, vers 4 ou 5 h. Les deux hommes sont seuls, assis au bar. Jacques raconte. «Ils jasaient tranquillement. Il restait une bouteille de bière vide sur le comptoir du DJ, au balcon. Tout à coup, sous leurs yeux, la bouteille de bière s'est soulevée pour aller subitement s'éclater sur le mur du bar non loin d'eux, tombant au sol en mille miettes.

Les deux gars se sont regardés en silence et ont quitté la place à toute vitesse. Le gardien de nuit qui m'a raconté l'histoire, très sceptique auparavant car il n'avait jamais assisté à quoi que ce soit d'étrange, m'a avoué avoir commencé à croire par la suite que ce club était véritablement hanté! "Écoutez, m'a-t-il dit, c'est moi qui m'assure qu'il n'y a personne dans la place. Alors quand on assiste à une telle manifestation, qu'on sait qu'il ne reste pas un client ou un employé, on ne peut plus en douter. Il y a des fantômes dans ce club-là, c'est certain, je n'en doute plus maintenant."»

« C'est très hanté ! »

En conclusion de leur enquête nocturne au Club 1234 ainsi que des différents témoignages qu'ils y ont recueillis, les deux chasseurs de Fantôme Montréal, Nicole et Jacques Poirier, sont d'avis qu'il est clair que des phénomènes difficilement explicables se produisent en ce lieu. Jacques récapitule toutes les sensations intenses et inhabituelles éprouvées là-bas. «Le Club 1234 est un endroit fascinant. C'est l'un des plus extraordinaires à visiter pour nous, chasseurs de fantômes. J'aimerais bien y retourner pour y effectuer des analyses plus concluantes. Il est certain que lorsque l'endroit est rempli à craquer de gens qui dansent au son d'une musique très forte, on ne peut rien percevoir, mais dès que le calme s'installe, c'est étonnant tout ce qui surgit dans l'ombre.

Les lectures du détecteur de champs magnétiques ont démontré une importante fluctuation d'énergie à différents endroits du bâtiment, que ce soit dans le bureau, la salle de bain des dames, la discothèque, le salon VIP, le sous-sol, le grenier et les divers accès comme les corridors et les escaliers. Et si, de prime abord, on peut penser que ces énergies perceptibles par le détecteur proviennent de sources électriques du bâtiment lui-même ou de l'équipement technique, sonore ou lumineux, ce n'est pas le cas pour plusieurs

 «J'imagine tous ces clients du club ici et là en petits groupes qui dansent, qui jasent, sans se douter qu'il peut y avoir juste à côté d'eux des entités qui les observent. Et ça me fait tout drôle.»

sources d'énergie, comme nous avons été à même de le vérifier. Donc, pour nous, il est clair que des activités inconnues se manifestent au Club 1234, mais quelles sont-elles? La question est encore irrésolue.»

En fin de compte, il est clair pour Nicole et Jacques qu'une plus longue investigation s'avérerait nécessaire pour tirer une conclusion approfondie au sujet du Club 1234. C'est d'ailleurs leur impression au sujet d'autres lieux visités: ils n'ont souvent pas assez de temps pour mener une enquête complète. Pour Jacques et Nicole, il faudrait aller plus loin: «Nous aimerions bien tenter de prendre contact avec des entités. Le but ultime de notre démarche, c'est qu'un fantôme nous dise enfin ce qui se passe quand on meurt, qu'il nous explique en détail ce qui nous arrive véritablement après. S'il y a quelqu'un qui peut nous dire ça, ça ne peut être que quelqu'un qui est mort!»

L'énergie des morts...

Quelles sources d'énergie peuvent être détectées chez une personne vivante et qui persisteraient ou même se transformeraient après la mort?

Le professeur de biologie Jean-Pierre Guillet et sa fille Dominique, physicienne, ont étudié la question pour nous et, après mûre réflexion, nous apportent ces éléments d'explication.

«Parlons d'abord de caméra infrarouge. Cet appareil permet de détecter des êtres vivants par la chaleur qu'ils dégagent, et ce, même dans l'obscurité. La chaleur est un sous-produit des réactions chimiques du métabolisme. Or, le métabolisme normal cesse à la mort et le trépassé refroidit... Nous pouvons donc en déduire que cette caméra ne peut pas être très utile aux chasseurs de fantômes. Cela dit, la décomposition bactérienne peut dégager pendant un certain temps un peu de chaleur et des gaz comme le méthane[20] ou d'autres produits volatils. Ça peut être détecté par les chiens policiers, mais les carcasses pourries ne font pas des fantômes bien communicatifs!»

L'énergie des cellules

«En ce qui a trait aux courants électriques ou aux champs électromagnétiques qui pourraient être émis par des fantômes, il faut savoir qu'on peut détecter sur les cellules vivantes de très faibles courants (plus précisément une différence de potentiel due à des concentrations variables d'ions entre l'intérieur et l'extérieur des membranes cellulaires, de l'ordre de 70 millièmes de volt).

En pratique, c'est ce qu'on enregistre quand on prend en milieu hospitalier un électrocardiogramme (cœur), un encéphalogramme (cerveau) ou un myogramme (activité musculaire). Pour ces examens, il faut appliquer des capteurs (électrodes) directement sur la peau et amplifier le courant, car il est vraiment très faible. Ces courants dépendent du métabolisme.

À la mort, quand les cellules cessent de recevoir des nutriments, leur activité cesse plus ou moins rapidement et elles se dégradent. Encore une fois, on ne peut pas parler d'une forme d'énergie détectable par les chasseurs de fantômes.

Bon, on peut toujours penser à certaines sources externes qui pourraient dégager une certaine forme d'énergie. Notamment, si la personne a un *pacemaker* (un stimulateur cardiaque fonctionnant avec une batterie) ou qu'elle a été traitée avec des isotopes radioactifs (par exemple,

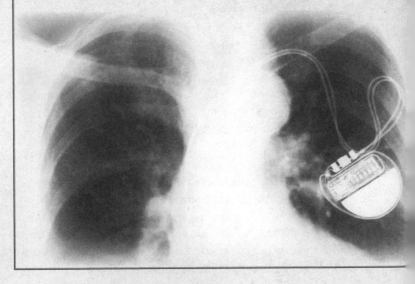

pour un cancer), ces sources d'énergie peuvent persister et être détectées avec des instruments sensibles. Mais cela n'a toujours rien à voir avec les fantômes.»

Trop de champs électromagnétiques autour de nous

«Bien qu'on sache qu'au niveau de la physique quantique, la matière soit de l'énergie condensée et qu'il y existe des fluctuations infinitésimales d'énergie même dans le vide, il faudrait un type d'appareil extrêmement sophistiqué pour détecter cette minime forme d'énergie.

Ce qui est beaucoup plus probable, c'est de détecter non pas des fantômes, mais les multiples sources électromagnétiques non vivantes qui nous entourent de toutes parts à notre insu : champ électromagnétique dégagé par n'importe quel appareil électrique en marche, par les prises de courant ou par les fils dans les murs, réseau Internet Wi-Fi, rayons cosmiques, radioactivité naturelle, ondes radio et télé, télécommandes, etc.

En résumé, il est clair que les sources d'énergie détectables connues chez une personne vivante cessent à la mort et il n'y a pas encore de preuve scientifique pouvant démontrer une possible apparition d'autres formes d'énergie soudaines chez un cadavre et qui seraient détectables par un quelconque appareil, aussi sensible soit-il.»

Valérie Lacroix
UNE GUIDE CHEZ
LES FANTÔMES

———◆———

Lieu: château Witch Bay à Fitch Bay, dans les Cantons-de-l'Est
Phénomènes: brises mystérieuses, effleurements,
mouvements des meubles, lumières qui s'allument
et s'éteignent…
Témoin: Valérie Lacroix, guide en ce lieu historique

———◆———

«Avec le temps, je me suis habituée aux phénomènes
et je me suis sentie peu à peu ouverte à les accueillir.
Pourtant, je n'habiterais pas là toute seule!»
Valérie

Valérie Lacroix n'est pas une chasseuse de fantômes comme les autres témoins de ce livre, mais son métier fait quand même en sorte qu'elle nous guide à la rencontre de manifestations de l'au-delà. C'est pourquoi nous avons décidé de lui consacrer ces pages.

Guide au château-musée Witch Bay, site historique du petit village de Fitch Bay, en Estrie, Valérie accueille les visiteurs pendant l'été. Si elle captive d'abord les gens par l'histoire fascinante des lieux, il arrive qu'elle les entraîne aussi parfois, bien malgré elle, vers de mystérieuses rencontres avec

Valérie Lacroix, devant le château Witch Bay.

Le château construit en 1880 par Timothy Byron Rider.

les entités qui hantent les lieux depuis des décennies. Pour elle, par contre, il est cependant clair que ces âmes sont calmes et paisibles.

La vaste demeure a été construite en 1880 par Timothy Byron Rider. Presque tout au village appartenait à ce brillant homme d'affaires : moulin à farine, moulin à scie, magasin général, compagnie de téléphone…

Des descendants de la famille Rider ont vécu au château jusqu'en 2000, année où les propriétaires actuels l'ont acheté. Après huit ans de restauration, ils ont fait renaître ce site imprégné d'histoire en un magnifique musée et l'ont ensuite baptisé Witch Bay.

Depuis 2009, les gens peuvent visiter Witch Bay en compagnie de guides habillées en sorcières. Pourquoi en sorcières ? Et pourquoi Witch Bay ? Parce qu'une légende raconte qu'une étrange Amérindienne du nom d'Amanda aurait vécu sur ce site, 80 ans avant la construction du château. L'histoire[21] la décrit comme une obscure sorcière boiteuse qui, à l'aide de miraculeuses potions, guérissait le corps et l'esprit des gens. Certains individus du village virent en elle un être maléfique. Le 1er novembre 1800, la pauvre femme fut pendue au bord de la rivière. Depuis ce temps, son âme en peine errerait sur ces terres…

De bonnes énergies

«Ce château est né sous une bonne étoile, nous raconte Valérie. Si Amanda hante les lieux, elle ne semble en vouloir à personne, car les phénomènes y sont toujours sans danger. Witch Bay a quelque chose d'enveloppant, de réconfortant, d'inspirant. Par exemple, la tourelle, qui est d'origine, est très riche en énergies positives. Un visiteur nous a déjà exprimé y avoir ressenti beaucoup d'émotions au point de ne pouvoir y retenir ses larmes. Pour la première fois depuis la mort de son grand-père, l'homme aurait perçu l'aïeul lui transmettre un message secret bouleversant. »

Les médiums s'étonnent

Ce n'est pas d'hier que des habitants du village rapportent y avoir observé des phénomènes inexpliqués. Des lumières qui s'allument ou s'éteignent alors qu'il n'y a personne au château, des ombres sournoises derrière les fenêtres, des portes qui s'ouvrent ou se ferment brusquement, des objets qui disparaissent et réapparaissent, des bruits de pas…

La salle de méditation est située à l'intérieur de la tourelle d'origine du château Witch Bay.

Le hall où serait décédé Timothy Rider et le superbe escalier principal de la demeure ancestrale.

Et que dire de cette lourdeur ressentie par plusieurs dans la chambre verte ? L'âme d'une dame décédée d'emphysème dans cette pièce y errerait-elle encore ? Que penser de cette odeur de cigares dans le salon de thé… Pourtant, tous les murs ont été refaits à neuf… Le fantôme de M. Rider, grand amateur de cigares, viendrait-il y faire une petite pause ? L'homme décédé d'un arrêt cardiaque le 2 décembre 1917 dans le hall d'entrée de la somptueuse demeure ne veut peut-être pas quitter son havre de paix ?

Des messages en douceur

Dès la première semaine où Valérie commence à travailler comme guide à Witch Bay, elle est déjà témoin d'événements inusités. « Après mon entrevue, une guide m'a fait faire le tour. Soudain, au milieu du hall d'entrée, j'ai senti un effleurement sur mon épaule gauche. C'était tout doux… Je me suis dit que l'entité présente me faisait gentiment savoir qu'elle voulait faire connaissance. »

Les premiers jours s'écoulent au fil des multiples pages d'histoire de Witch Bay. La jeune femme se sent bien dans cette vaste demeure. Elle nous raconte un autre moment marquant. « C'était un bel après-midi d'été. Assise sur un banc à l'extérieur, j'attendais les prochains clients. Tout à coup, j'ai aperçu un orbe s'élever près d'un sapin. L'orbe était principalement blanc mais regroupait plusieurs autres couleurs prismatiques. Il a parcouru une courte distance dans les airs et il est disparu.»

Un clin d'œil

Valérie conserve une autre manifestation exceptionnelle en mémoire. C'était en plein cœur du mois d'août. Cet été-là avait été plutôt tranquille et elle espérait un nouveau clin d'œil des mystérieux fantômes des lieux. «Dans ma tête, je disais: "Les esprits, êtes-vous encore là? On s'ennuie vraiment de vous quand vous ne vous manifestez pas…" J'étais en train de monter le grand escalier du hall. Silencieusement, je me suis adressée à l'ancien propriétaire en lui disant: "Écoutez monsieur Rider, on dirait que vous n'êtes plus là, c'est tranquille depuis trop longtemps… Manifestez-vous, faites-moi un signe, s'il vous plaît, montrez que vous êtes encore là!"

Brusquement, j'ai perçu du coin de l'œil une faible variation de l'intensité du lustre suspendu au-dessus de la cage d'escalier. Je me suis aussitôt retournée et, soudain, la lumière a clairement clignoté deux fois. Que j'étais heureuse! J'avais ainsi la preuve qu'il était toujours là. J'étais tellement contente. Je lui ai dit: "Merci, merci, merci, de

La nuit, Witch Bay se révèle plus mystérieux encore.

m'avoir répondu. Cela me confirme que même si on ne vous voit pas, même si c'est tranquille, vous êtes toujours là, avec nous, quand même!" Par la suite, je n'ai jamais douté de sa présence.»

La triste chambre bleue

Par une autre journée plutôt orageuse du mois d'août, Valérie entre avec un groupe dans la chambre bleue au deuxième étage. Elle nous raconte la suite. «Cette chambre-là est bien particulière. Déjà, bien avant que le château soit un musée, à l'époque où la propriétaire actuelle habitait la maison, il est arrivé la nuit à des membres de sa famille d'entendre des pas à l'étage et ceux qui dormaient dans cette chambre étaient parfois réveillés par la douce voix d'une femme qui chantait. Des médiums venus dans la pièce ont pressenti l'existence d'une dame qui berçait un enfant. D'autres ont précisé qu'elle ne tenait plutôt qu'une couverture vide enroulée dans ses bras. Ils ont aussi mentionné qu'une femme avait peut-être accouché au grenier. Une femme enceinte se serait-elle cachée pour accoucher en cachette, se voyant ensuite retirer l'enfant pour le donner en adoption?

Ce jour-là, il régnait une lourdeur perceptible dans la pièce. C'était difficile d'y respirer. Dans cette chambre, il y a une très grande armoire victorienne qui n'a pas de poignée. Ses portes très lourdes sont recouvertes de grands miroirs. Pour les ouvrir, il faut les soulever de leur cadre. Alors que je parlais, l'une des portes de la commode s'est ouverte. J'ai demandé au visiteur le plus près du meuble de ne pas l'ouvrir et il m'a répondu aussitôt : "Mais je n'ai touché absolument à rien!" La porte de l'armoire s'était ouverte sans aucun bruit, alors qu'habituellement, elle faisait un gros grincement… C'était bizarre.»

Valérie referme la porte de l'armoire sous les yeux des visiteurs et l'ouvre à nouveau pour en démontrer la difficulté. Mais les sceptiques s'amusent à répéter que tout était préalablement arrangé pour mystifier les visiteurs. De son côté, Valérie tente de rester calme même si son

Ce jour-là, la porte de l'armoire s'est ouverte toute seule…

cœur s'affole. Car elle, elle sait. Chaque nouvelle manifestation à laquelle elle assiste depuis les premiers jours lui confirme ce qu'elle croit. Des êtres de l'au-delà hantent bien ces lieux imprégnés d'histoire et Valérie Lacroix a le privilège de les côtoyer.

«L'un de mes plus beaux moments à Witch Bay? C'était une belle journée d'été. Je revenais après une semaine de vacances et soudain, alors que j'étais tranquillement assise sur un banc à l'extérieur, j'ai senti une douce brise m'envelopper, m'enlacer comme un voile affectueux. C'était comme une caresse et j'ai entendu au même moment un léger murmure presque imperceptible à mon oreille… J'en ai alors déduit avec amusement qu'on me signifiait gentiment le plaisir de me revoir!»

Les fantômes seraient-ils des âmes errantes ?

L'abbé André Tardif, curé de la paroisse Saint-Patrice de Magog et prêtre depuis 1961, a eu la gentillesse d'accepter de tenter de répondre à cette importante question. Il partage ainsi avec nous sa vision de l'âme.

«Selon la Bible, le concept d'une âme errante n'est pas possible, pour la simple raison que cet ouvrage ne s'intéresse pas à la façon dont la personne est constituée. Dans la Bible, la personne humaine est fondamentalement une. Par contre, le christianisme en ses tout premiers débuts a été, et reste encore, forcément influencé par la philosophie grecque selon laquelle la personne humaine est composée d'un corps et d'une âme, le corps étant la partie inférieure de l'être humain et l'âme, sa partie noble. Faut-il se surprendre de cela ?

Chacun sait que la foi, pour être comprise, doit s'exprimer dans les mots de la culture de son époque. Ainsi, pour mieux la comprendre dans la culture contemporaine, nous devons abandonner ces catégories de la philosophie grecque. Quand elle parle de l'âme, la Bible décrit l'espace intérieur d'une personne, un peu comme on dit de quelqu'un qu'il a "une belle âme".

L'immortalité

La philosophie grecque, dans cette dualité du corps et de l'âme, a créé beaucoup de confusion, en particulier sur la question de l'immortalité au sujet de laquelle on affirmait que l'âme ressuscite et que le corps pourrit dans la terre. Aujourd'hui, on affirme plutôt que c'est la personne tout entière qui ressuscite ou vit désormais dans l'immortalité. Parler d'"âmes errantes" fait partie de cette confusion. Une âme ne peut exister

sans un corps, comme un corps vivant ne peut exister sans une âme. Saint Paul dit qu'au ciel, nous aurons un corps spirituel.

Ce corps est nécessaire pour nous distinguer des autres et constituer notre identité propre. De plus, le corps, qu'il soit spirituel ou matériel, nous permet d'entrer en relation avec les autres. Quand on parle du corps, de l'âme ou de la chair, un mot très utilisé dans la Bible, il faut comprendre trois dimensions de la même humanité. On voit d'ailleurs qu'une personne peut grandir humainement en développant ces trois dimensions. Parfois, on néglige l'une ou l'autre d'entre elles et on en subit les conséquences.

Quant au sujet de ce livre, en cinquante ans de ministère pastoral, j'ai vu plusieurs cas de personnes qui se disaient, d'une façon ou d'une autre, victimes de fantômes : chaises qui se mettent à bercer toutes seules, tiroirs qui s'ouvrent soudainement, bruits étranges au sous-sol... J'ai toujours cru qu'il y avait chaque fois une cause matérielle à ces phénomènes étranges et j'en tire la conclusion qu'il faut d'abord recourir aux explications rationnelles. »

CONCLUSION

L'être humain est fasciné par les phénomènes paranormaux, et ce n'est pas demain qu'il cessera de tenter de comprendre cet intrigant univers. Comment s'étonner alors que plusieurs chercheurs illustres y aient accordé leur attention ?

On raconte qu'en octobre 1920, Thomas Edison se serait interrogé à l'idée que communiquer avec les esprits pourrait être plus facile si on utilisait des machines enregistrant leurs voix au lieu de tenter d'établir un contact humain. Il aurait même déclaré à la revue *Scientific American* qu'il travaillait à l'élaboration de cet outil de communication révolutionnaire qui pourrait être testé avec les êtres de l'au-delà.

Quelques jours plus tard, devant la réaction débridée de tous les grands journaux de l'époque, l'homme de science aurait prétendu que tout cela n'était que plaisanterie. Aurait-il ravalé ses paroles dans la crainte de perdre sa crédibilité face à ses confrères du domaine scientifique ? Pourtant, d'autres scientifiques après lui se sont investis bien plus encore dans la recherche sur le paranormal et croient même avoir enfin recueilli les preuves irréfutables tant espérées.

L'incroyable projet Scole

« Pour le sceptique à l'esprit ouvert, les preuves recueillies sur une période de six ans avec plus de cinq cents séances par les expérimentateurs et l'équipe de l'après-vie de Scole sont absolues, définitives, irréfutables et indiscutablement prouvées. Beaucoup regardent les expériences de Scole comme la plus grande expérience sur l'après-vie conduite récemment dans le monde occidental. L'au-delà existe, c'est maintenant aux sceptiques de me prouver le contraire. »

Me Victor Zammit[22]

Aujourd'hui à la retraite, Victor Zammit a été avocat à la Cour suprême et à la haute Cour de justice d'Australie. Il a les deux pieds sur terre, malgré ce que peuvent en dire ses détracteurs. Il répète à qui veut l'entendre que les preuves accumulées dans le projet Scole[23] et les données sur l'existence de la vie après la mort qui s'y trouvent n'ont pu être réfutées par aucun scientifique et aucun sceptique.

Le site Internet de Victor Zammit foisonne de détails sur le sujet et liste entre autres tous les scientifiques qui abondent dans le sens de la preuve de l'existence de l'au-delà et de la vie après la mort.

Tout comme Zammit, l'auteur Robin P. Foy et son épouse, Sandra, en sont convaincus. Le couple a accumulé plus de 35 années d'expertise dans le domaine de la recherche psychique. En 1992, Foy a contribué largement à la mise sur pied du projet Scole qui s'est étalé jusqu'en 1998[24]. Ce projet, extrêmement bien documenté et ayant profité de l'expertise d'un impressionnant groupe de scientifiques notoires dont certains de la NASA, était aussi nommé l'expérience Scole (Scole Experiment). Dans son

Une soirée d'expérience pendant les recherches du projet Scole. Robin Foy et son épouse, en compagnie de deux autres membres de l'équipe.

livre intitulé *Witnessing the Impossible*[25], Foy relate plus de 180 phénomènes répertoriés en 1 000 heures de séances réalisées dans le cadre du projet Scole par un groupe de médiums à Norfolk, en Angleterre, devant plusieurs scientifiques, avocats, ingénieurs et magiciens professionnels. La Société britannique de recherches paranormales avait dépêché sur place des scientifiques qualifiés et réputés, afin de mener enquête et de valider les faits, en leur permettant d'imposer leurs propres méthodes strictes et rigoureuses pour contrôler toutes les procédures durant les nombreuses séances filmées. Après des heures, voire des mois d'analyse, leurs conclusions furent que ces phénomènes physiques étaient sans contredit authentiques.

John Lock, un éminent ingénieur en technologie, et sa femme, Maryse, tous deux amis de Robin Foy, ont eux aussi contribué à leur façon aux recherches du projet Scole. Ils ont voyagé partout en Europe pour suivre des séances de médiums et de groupes d'intervention en phénomènes paranormaux. John Lock aurait ainsi découvert que la plupart des phénomènes de poltergeists surviendraient en automne et en hiver, lorsque la température est moins

chaude. Cela correspondrait à des théories scientifiques et d'ingénierie selon lesquelles le froid permet une meilleure conductibilité de l'électricité, des champs électromagnétiques et des molécules d'air. Les entités utiliseraient cet apport énergétique plus accessible pour se manifester et parfois lancer des objets à leurs victimes.

Encore aujourd'hui, les sceptiques du monde entier demeurent silencieux devant les résultats des expériences du projet Scole. Aucun n'a encore pu démontrer hors de tout doute qu'il y a eu subterfuge quant aux phénomènes observés dans toutes ces expériences élaborées sous les regards scientifiques les plus rigoureux et les plus stricts, et réalisées hebdomadairement pendant six ans dans différents pays et dans des lieux assignés aux groupes sans préavis. À ce jour, le projet Scole demeure une expérience unique extraordinaire qui soulève encore énormément de controverses dans le milieu.

Ce projet étonnant nous fait prendre conscience que, partout dans le monde, de nombreux scientifiques sont, eux aussi, véritablement préoccupés par les phénomènes paranormaux et qu'ils ne prennent pas cela à la légère. En fin de compte, que les tentatives de contact avec l'au-delà soient réalisées dans des expériences scientifiques sophistiquées ou par des chasseurs de fantômes convaincus, amateurs ou spécialisés, la quête reste la même : trouver le moyen de communiquer avec ces êtres de l'autre côté du miroir, comprendre pourquoi une fois décédées des entités viendraient hanter le monde des vivants et, pourquoi pas, découvrir ultimement le sens de notre présence sur terre...

ET, APRÈS TOUT, SI C'ÉTAIT VRAI ?

REMERCIEMENTS

Merci à mes passionnés chasseurs de fantômes qui ont eu la générosité de m'ouvrir leurs archives et de me raconter leurs plus troublantes et fascinantes expériences.

Merci à tous les spécialistes, pour leurs données scientifiques pertinentes et leur générosité.

Merci à Johanne, ton amitié me hante même quand on ne se voit pas!

Merci à Paul, mon œil de lynx.

Merci à Sandy, pour sa créativité.

Merci à Stéphane, pour sa touche graphique mystérieuse.

Merci à Nathalie, attachante attachée de presse.

Merci à toute l'équipe des Éditions Michel Quintin: cette collection-là, elle existe aussi grâce à vous tous.

Merci à Clément, Micheline, Diane et René, votre encouragement me nourrit!

Finalement, merci à Benoît, mon amoureux, tu m'es si présent, si vibrant, si lumineux. Merci d'être là, chaque jour, chaque nuit, et de faire fuir mes petits fantômes intérieurs.

CRÉDITS PHOTO

p. 11 : Photo d'Eveleen Myers, 1904

p. 13 (haut) : William Hope, 1922

p.14, 15, 32, 157 : Collection personnelle Patrick Zakhm

p. 20, 21, 24 : Danielle Goyette

p. 40, 41, 42, 43, 44, 45 : Collection personnelle Paracontacts

p. 85 : Gracieuseté de Néo Technologie

p. 88 : Karine Cloutier

p. 89, 91, 94, 97, 100 : Collection personnelle Katy Talbot

p. 103, 105, 106 : Michel Julien

p. 104 : Collection personnelle Seigneurie des Aulnaies

p. 112 : Gracieuseté de Robin E. Owen Photograph

p. 114, 115, 129, 135, 142, 148, 150 : Collection personnelle BEPP

p. 147 (haut) : Collection personnelle Vieux Palais de Justice de l'Assomption

p. 154, 155, 173, 183, 186, 188, 191, 192 : Collection personnelle Fantôme Montréal

p. 179 : Sir Alexander Tilloch Galt, politicien, Montréal, Qc, 1876 © Musée McCord

p. 180 : Salon funéraire de Joseph Wray, rue de la Montagne, Montréal, QC, 1932-1933 © Musée McCord

BIBLIOGRAPHIE

BRASEY, Édouard. *Le guide du chasseur de fantômes*, Paris, Éditions Le Pré aux Clercs, 2006, 140 p.

CANWELL, Diane et Jonathan SUTHERLAND. *Ces fantômes qui hantent notre monde*, Saint-Bruno-de-Montarville, Éditions Coup d'œil, 2010, 255 p.

FOY, Robin. *Witnessing the Impossible*, Norfolk, Torcal Publications, 2008, 560 p.

HAUCK, Dennis William. *Haunted Places*, New York, Penguin Books Ltd., 1996, 484 p.

ZAKHM, Patrick. *Haunted Places*, Lexington, Patrick Zakhm éditeur, 2006, 66 p.

Sites Web

bepp.webs.com

fantomemontreal.com

montrealparanormal.com

paracontacts.com

thescoleexperiment.com

laseigneuriedesaulnaies.qc.ca

srpq.ca

vieuxpalais.com

victorzammit.com

witchbay.ca

NOTES

1. Source : fantomemontreal.com et Wikipédia.

2. Source : fantomemontreal.com et Wikipédia.

3. Certains des cas relatés font l'objet de vidéos ou de documents sonores disponibles sur les sites Web respectifs des différentes organisations. Nous vous invitons à les découvrir également.

4. Montreal Paranormal Investigations (montrealparanormal.com) et Ghost Tracking Meetup Group (meetup.com/ghosts-656).

5. Pour écouter divers enregistrements captés sur des lieux hantés par l'équipe de la SRPQ, rendez-vous sur le site srpq.ca

6. On peut voir la vidéo montrant les réactions du détecteur à la suite des questions posées à la possible présence, à cette adresse : srpq.ca/enquetes_4.htm

7. Source d'informations partielles : *Le fantôme Philip*, document de Michel Granger et Louis Bélanger, science-et-magie.com

8. Source : paracontacts.com

9. Nous ne mentionnons ni le nom ni l'adresse du lieu pour en protéger l'anonymat, vu que ce domaine était encore en vente au moment de la publication de ce livre.

10. Les mesures de champs électromagnétiques se font principalement en deux types d'unités : les milligauss (mG) ou les microteslas (µT). Bernard Caron nous explique le tout en détail au *Coin du spécialiste*, p. 84.

11. Néo Technologie inc., 9494, boulevard Saint-Laurent, bureau 604, Montréal, 514 382-6684, neotechnologie.com

12. Le fondateur préfère ne pas mentionner leurs noms car ils pourraient ne plus être membres au moment de la publication de ce livre.

13. Le dizainier est un anneau métallique constitué d'une croix et de 10 grains, que l'on fait glisser entre les doigts pour prier comme un chapelet. Les scouts et les guides catholiques en portent un à leur ceinture.

14. Sylvain n'a plus cette photo très importante qu'il a malheureusement perdue lors d'un bris irrémédiable de son ordinateur.

15. Voir le chapitre sur le Vieux Palais de Justice de L'Assomption dans *Fantômes et esprits errants*, paru également dans la collection «Québec insolite» des Éditions Michel Quintin.

16. Source : Hygiène funéraire de l'Ouest, thanatopraxie, démarches et formalités, moulages : hfothanato.com/pages/medecine-legale-et-entomologie-thanatologique.html

17. Source : site de Fantôme Montréal, fantomemontreal.com

18. Voir le chapitre consacré au Vieux Palais de Justice de L'Assomption dans *Fantômes et esprits errants*, paru également dans la collection «Québec insolite» des Éditions Michel Quintin.

19. Source de ces données historiques : 1234montreal.com

20. Jean-Pierre Guillet explique d'ailleurs ce que sont les feux follets dans les cimetières et les marécages, p. 102-103, *Fantômes et esprits errants*, dans la même collection, aux Éditions Michel Quintin.

21. Source : «La légende de Witch Bay», site Web du château de Witch Bay : witchbay.ca

22. Source : victorzammit.com Victor Zammit est l'auteur du livre *A Lawyer Presents the Case for the Afterlife, Irrefutable Objective Evidence*, Gammell Pty Ltd, 2006 (réédition), 254 p.

23. Voir ce site Internet : thescoleexperiment.com

24. Source : paracontacts.com et Roger Mainville ; thescole-experiment.com

25. Robin Foy, *Witnessing the Impossible*, Norfolk, Torcal Publications, 2008, 560 p.